Su COLECCIÓN DE CRISTALES

Su COLECCIÓN DE CRISTALES

CÓMO CREAR UNA COLECCIÓN DE CRISTALES Y PIEDRAS PARA TODA LA VIDA

Jillian Aurelia Green

Librero

Título original: *The Crystal Collector*

© 2025 Librero b.v. (edición española)
www.librero.nl

© Quarto Publishing plc 2024

Ideado, editado y diseñado por Quarto Publishing,
un sello editorial de The Quarto Group

Editor: Charlene Fernandes
Copyeditor: Caroline West
Asistente editorial: Elinor Ward
Directora de arte: Martina Calvio
Documentación: Oliver Luke Delorie
Diseño (layout): Eleanor Ridsdale Colussi
Diseño: Eliana Holder
Fotografía: Dave Burton y Jess Esposito (cristales),
    Hannah Cohen (foto de la autora), otras fotografías (ver pág. 144)
Producción: Lorraine Dickey

Producción de la edición española:
Traducción: Montserrat Ribas Casellas
para Delivering iBooks & Design
Redacción y maquetación:
Delivering iBooks & Design, Barcelona

Distribución exclusiva de la edición española:
Librero IBP S. L.
C/ Paseo de los Olmos, n.º 20
Planta 1.ª, oficina 7
28005 Madrid, España
www.librero-ibp.es

Impreso en China

ISBN: 978-94-6499-035-5

MIXTO
Papel | Apoyando la
silvicultura responsable
FSC® C016973

ÍNDICE

CONOZCA A JILLIAN

Empecé a escribir este libro en una época muy caótica de mi vida, al tiempo que dirigía mi empresa, yo sola, por primera vez en cinco años. Sin embargo, y como siempre, los cristales fueron mis aliados.

Escribía en momentos robados entre reuniones o a primera hora de la mañana, antes del trabajo. Por suerte, los cristales estaban allí para reconfortarme, animarme y devolverme a la realidad de mi ser.

Y por ello siento una inmensa gratitud.

Al igual que muchas otras personas, sentí la llamada de los cristales. De niña me fascinaban las cuevas y las minas; coleccionaba piedras de allí adonde iba y tenía mis favoritas en una especie de altar que construí en mi armario. Me encantaba cómo me hacían sentir: segura, sosegada, con confianza, alegre. Encontré una bolsita de cuero en una tienda y preparé una bolsa talismánica para llevar siempre encima mis cristales y afrontar el abrumador día a día de la vida. Sentía que las piedras me susurraban sus historias y secretos, y, si permanecía muy quieta, incluso podía oírlas.

Ahora me siento agradecida por la oportunidad de compartir parte de su sabiduría, así como el conocimiento que he ido adquiriendo a lo largo de los años sobre cómo adquirirlos con conciencia, conectar con ellos y cuidar de esos hermosos seres cristalinos. Tanto si se inicia en el mundo de los cristales como si posee una amplia colección, pero no sabe muy bien cómo conservarla de un modo seguro, espero que este libro le resulte de ayuda.

Jillian Aurelia Green

1 CREAR SU COLECCIÓN DE CRISTALES

Decidir qué cristales desea añadir a su colección es un acto muy personal. Podemos comprar un especímen por sus cualidades singulares o por sus propiedades metafísicas, o simplemente porque nos parece atractivo. Sea cual sea la razón por la que un cristal nos atrae, es fácil olvidar que, antes de llegar a nosotros, hace tiempo que el cristal vive su propia historia.

Entender cómo estas piedras especiales han pasado de las profundidades de la Tierra a nuestras manos es igual de importante que saber trabajar con ellas y cuidarlas una vez las tengamos en casa. Con este fin, el libro empieza por explorar la procedencia de los cristales y sigue para enseñarnos cómo se extraen y se tallan, y también cómo se diferencia una piedra auténtica de la que ha sido tratada o manufacturada.

Un amplio conocimiento de los cristales de nuestra colección, así como del sector en general, nos hace más capacitados y conscientes a la hora de tomar una decisión de acuerdo con nuestros valores y que resulte beneficiosa para los mineros y talladores que una vez tuvieron esos cristales en sus manos. Además, en última instancia, servirá también para elevar nuestra propia vibración.

CÓMO SABER SI UN CRISTAL ES PARA USTED

Saber si un cristal es adecuado para su colección es algo que tiene que decidir usted. Aunque algunos basan su decisión en el valor, la belleza o la rareza, muchos otros eligen a sus compañeros cristalinos porque se sienten atraídos o porque sintonizan con lo que desean atraer, sanar o manifestar.

RAREZA

Algunos coleccionistas eligen los cristales, minerales o especímenes por la rareza de la pieza. El valor de las piedras poco comunes se deriva de su escasez o de atributos llamativos como el color, el tamaño, la transparencia o la forma en que han sido cortadas o talladas. Inclusiones singulares, variaciones o la localidad de procedencia pueden contribuir a que una piedra sea deseable, mientras que la importancia histórica o cultural contribuye a la atracción de tenerla en su colección. Los cristales y las gemas no tratadas son muy valoradas, y los coleccionistas se sienten atraídos por ellos por su potencial de inversión, su cautivadora belleza, la rica narrativa que conllevan, su exclusividad y la pasión personal que despiertan. Tanto si se consideran una inversión como un tesoro, estas piedras ocupan un lugar especial en el mundo de los coleccionistas, cautivando a entusiastas con su rareza y encanto intrínseco.

ESTÉTICA

El aspecto de una pieza suele desempeñar un papel importante a la hora de seleccionar un cristal. Unos lo elegirán por su transparencia, su brillo, sus destellos o sus arcoíris interiores.

Otros se ven atraídos por piedras de su color favorito, o en lo que respecta a joyas con piedras preciosas, o por si los tonos o la estética encajan con su estilo de vida. Hay personas que eligen los cristales por su atractivo visual, porque les parecen bellos o aprecian cómo ciertas piedras complementan la decoración de su hogar, o porque aportan una sensación de armonía a su entorno laboral o a su casa. Ya sea llevándola encima, exhibida o simplemente disfrutando de ella, el aspecto visual de la piedra es el factor predominante a la hora de adquirirla.

PROPIEDADES METAFÍSICAS

A medida que la espiritualidad y la magia han pasado a ser de dominio público, la razón de coleccionar minerales solo como inversión o por su valor estético ha ido derivando hacia las piedras que aportan beneficios metafísicos. Aunque los colores y las características individuales pueden atraer a algunas personas para elegir una pieza en concreto, la razón por la que se busca un cristal es porque sus propiedades energéticas concuerdan con lo que quieren atraer a su vida. Recuerde que aunque los libros o los profesores recomiendan piedras concretas para ciertas dolencias o para oportu-

nidades de crecimiento y situaciones concretas, usted debe confiar siempre, en primer lugar, en su intuición. Usted es quien se conoce mejor que nadie. Si siente que un cristal le beneficiará, preste atención a su sabiduría interior.

CONEXIÓN EMOCIONAL Y ENERGÉTICA

En la mayoría de los casos, las personas eligen una piedra en concreto porque les hace sentir de una manera determinada, y aquellos que son sensibles a las energías sienten la llamada o conexión con una drusa, columna, piedra pulida o esfera. Los cristales vibran en un nivel energético y emocional, y cuando se sostienen en la mano o se dejan cerca de la persona, ofrecen consuelo, serenidad o sensación de poder. Esta conexión personal crea un vínculo profundo y hace de la piedra una valiosa fuente de consuelo, apoyo y energía positiva.

EL NOMBRE DE LAS PIEDRAS

Nombres comerciales, nombres de marca registrada y nombres mineralógicos

La taxonomía y nomenclatura del mundo cristalino puede resultar increíblemente confusa. Algunos nombres se remontan a la antigua Roma, Egipto, Grecia y la India (p. ej. amatista); otros hacen referencia al lugar donde se halló la piedra por primera vez (p. ej. labradorita), a su aspecto (p. ej. astrofilita) y, de forma muy común, al primer explorador, minero o científico no nativo que la «descubrió» (p. ej. bornita). Traducciones lingüísticas aparte, muchas piedras han recibido múltiples nombres debido a su aspecto, propiedades metafísicas, identidades erróneas o incluso propósitos comerciales.

Este es un ejemplo: las estepas argentinas producen una bella calcita verde azulada que actualmente tiene dos nombres comerciales: *ónice azul* y *aragonita azul*. Ninguno de ellos es exacto, ya que el cristal no es ni ónice ni aragonita. Además, hace poco recibió el nombre de marca registrada de calcita aquatina lemuriana™. ¿Cuál de estos nombres es correcto? Técnicamente, ninguno de ellos, pero todos se usan comúnmente para referirse a esta calcita azul de la Patagonia.

NOMBRES COMERCIALES

Son los individuos, negocios o comunidades quienes dan los nombres comerciales a los cristales para expresar sus atributos físicos o propiedades metafísicas, o para aumentar su deseabilidad. Estos nombres no son reconocidos oficialmente por los minerólogos, pero se usan para diferenciar entre nuevas combinaciones de minerales o los de lugares específicos, y para hacer que algunos cristales en concreto resulten más atractivos o distintivos.

Estos son algunos ejemplos:
Quantum Quattro: mineral de cobre combinación de crisocola, dioptasa, malaquita, shattuckita y cuarzo de Namibia.
Cuarzo de fuego e hielo: cuarzo de bajo grado que se calienta y se enfría rápidamente en un laboratorio para producir un efecto de craquelado (es decir, cuarzo craquelado).
Bolivianita: puede referirse al ametrino (amatista/citrino) o a la combinación de serpentina verde y fluorita violeta, aunque ambas piedras se encuentran fuera de Bolivia.

NOMBRES DE MARCA REGISTRADA

Los nombres de marca registrada son denominaciones o símbolos legalmente protegidos que se utilizan para representar a una marca o empresa específica. En el contexto del sector, algunas compañías, minas o mineros pueden registrar un nombre para distinguir sus cristales en el mercado. Esto les confiere mayor exclusividad y reconocimiento, pero también puede crear tensiones en las comunidades del sector si alguien registra un nuevo nombre para una piedra que ya existe para sacar provecho de sus propiedades metafísicas, cobrar un precio más alto o intentar acaparar el mercado prohibiendo a otros el uso del nombre registrado.

Jaspe océano™: un jaspe orbicular de Madagascar, conocido también como jaspe marino.
Atlantasita™: una piedra combinada de serpentina y stichtita.
Merlinita mística™: una piedra negra y gris violáceo que comprende feldespato, cuarzo y mica; comúnmente conocida como gabbro índigo.

NOMBRES MINERALÓGICOS

Los nombres mineralógicos son etiquetas científicamente reconocidas para cristales, minerales y piedras. Desde 1960, todo nuevo hallazgo debe ser corroborado por la Asociación Mineralógica Internacional (IMA) y aprobado por la Comisión de Nuevos Minerales y Nombres de Minerales (CNMNM), que es también quien fija los nombres oficiales de piedras previamente descubiertas que ofrecen denominaciones múltiples. A menudo terminados en «-ita», del adjetivo griego para «piedra», los nombres suelen derivarse de su aspecto, el lugar de extracción, su composición o el apellido de su «descubridor», (p. ej. azurita, de la palabra árabe para azul).

El nombre mineralógico se convierte en estándar y es aceptado universalmente en el campo de la mineralogía, con solo variaciones menores atribuidas a los diferentes lenguajes. Este nombre «oficial» se usa para describir las especies minerales sin ningún tipo de influencia de marca o comercialización.

Cuarzo: uno de los minerales más comunes de la Tierra, su nombre se deriva de una de las palabras alemanas para «duro».
Shattuckita: un hidróxido de silicato de cobre azul originalmente encontrado en la mina Shattuck, en Arizona.
Titanita: anteriormente conocida como esfena (nombre que se sigue usando), la Comisión optó por titanita, y este es ahora el nombre oficial de este silicato de titanio y calcio.

▶ Esta bella piedra azul ha tenido unos cuantos nombres desde su descubrimiento en 1791. Originalmente denominada *fasriger schwerspath*, fue nombrada después *schwefelsaurer strontianite aus Pennsylvania* y, en 1798, *zoelestin* en alemán, *celestina* en español. El nombre de celestina se cambió después a celestita para ajustarlo a la forma -ita de los nombres mineralógicos. No obstante, la IMA recuperó el nombre original de celestina a mediados de la década de 1980. Actualmente se utilizan ambos.

CÓMO SABER QUÉ ESTÁ COMPRANDO: CRISTALES TRATADOS Y DE IMITACIÓN

Aunque algunos cristales tratados tienen mucha demanda, la mayoría de ellos son para engañar a los compradores. Si un cristal parece demasiado perfecto, o es demasiado barato, puede que sea tratado o simplemente estar hecho de vidrio o plástico. En caso de duda, examine las características, «defectos», estriaciones y patrones de crecimiento que hacen que cada pieza sea única.

CRISTALES TRATADOS MÁS COMUNES

Cuarzo ahumado natural vs. cuarzo ahumado irradiado

El cuarzo ahumado natural se forma cuando el cuarzo transparente se ve expuesto a una radiación natural a lo largo de millones de años. Su tonalidad varía de muy pálida a casi negra, y a menudo muestra variaciones en su transparencia y contiene fantasmas. Por el contrario, el cuarzo ahumado irradiado es expuesto a radiación en un laboratorio para potenciar su color y el resultado es un tono uniforme y muy oscuro. Es seguro asumir que la mayoría de los tonos más claros y medios de cuarzo ahumado son naturales. En las saturaciones más oscuras, busque variaciones de color o fantasmas para autentificar el cuarzo.

Citrino natural vs. amatista horneada vs. cuarzo limón

El citrino natural va de un tono miel pálido hasta un dorado intenso, y adquiere color de forma orgánica por la presencia de calor y presión. El citrino natural suele darse en puntas o en formaciones especializadas, como las denominadas abundancia, vela, castillo, catedral o elestial. La amatista horneada, a menudo comercializada como citrino, está tratada térmicamente y presenta un color entre naranja y marrón; suele encontrarse en pequeñas agrupaciones puntiagudas o puntas dentadas. El cuarzo limón, una variedad de cuarzo irradiado, es un silicato transparente amarillo limón que raramente se encuentra en estado natural; casi exclusivamente se trata en el laboratorio. El color y la formación son los rasgos más fáciles para diferenciar entre el citrino verdadero y los dos impostores.

Aura natural (limonita) vs. aura tratada

El aura natural, conocido también como aura limonita, presenta una gama de colores terrosos y metálicos como oro, verde o rojo. Estos tonos son resultado de los depósitos minerales naturales, ricos en metal, que hay en la superficie del cristal. Por contra, el aura tratada se somete a un proceso de laboratorio para depositar los metales en su superficie, creando un brillo iridiscente como el arcoíris que parece artificialmente vivo y uniforme. El aura limonita natural carece de la uniformidad de la versión tratada, así que si le parece demasiado brillante y homogéneo, probablemente habrá sido tratado.

Turquesa natural vs. estabilizada vs. reconstituida vs. howlita teñida

La turquesa natural muestra una textura orgánica con visibles líneas de matriz. La turquesa estabilizada es común en el campo de la joyería y está impregnada de resina para darle más dureza al tiempo que mantiene sus características y color naturales. La turquesa reconstituida se compone de turquesa natural pulverizada mezclada con agentes aglutinantes para darle un aspecto uniforme. La howlita teñida imita el veteado de la turquesa, pero es una piedra blanca que ha sido teñida de azul para imitarla. Si el precio le parece muy bajo, probablemen-

Otras falsificaciones a tener en cuenta

Tratadas:

Ágatas A menudo teñidas de colores vivos como azul, verde azulado, violeta o rosa.

Ámbar El ámbar con «puntos solares» brillantes ha sido tratado térmicamente o reconstituido.

Topacio azul Calentado para volverlo azul o rosa. Evite los colores muy vivos.

Howlite Teñida para imitar a otros cristales de color.

Jadeíta A veces la decoloran y la impregnan de resina para darle mayor grado. La jadeíta certificada de grado A no está tratada.

Lapislázuli Algunas piedras de grado bajo son teñidas de un azul más oscuro.

Prasiolita El tratamiento térmico puede crear esta «amatista verde».

Tanzanita A menudo tratada térmicamente para crear una tonalidad azul más intensa.

Manufacturadas y falseadas:

Bismuto Cristal metalizado irisado que ha sido creado en el laboratorio.

Cuarzo cereza Vidrio artificial de color rojo y con remolinos.

Piedra del sol falsa Vidrio coloreado rojo o azul brillante, con inclusiones que lo asemejan a la aventurina.

Racimos de cuarzo verde con fantasmas Creados en el laboratorio, tienen puntas de tono verde oscuro y parecen «escarchadas» con cristalitos más pequeños.

Hematites La hematites magnética no es natural, sino manufacturada.

Moldavita Una tectita cara y poco común, que hoy día se imita usando un vidrio verde.

Opalita Vidrio artificial nacarado.

te se trata de una howlita o de una turquesa reconstituida. Procure examinar la textura, el color y la consistencia, y pregunte de dónde procede y qué tratamiento se le ha dado antes de añadirla a su colección.

MÉTODOS PARA COMPROBAR LA AUTENTICIDAD

Prueba visual o táctil

La prueba más segura de la lista es simplemente usar los ojos. Averigüe los indicadores de la piedra que desee autentificar y compruebe si la pieza los tiene. Por ejemplo, la moldavita falsa está hecha con un vidrio verde más brillante y uniforme, y carece de las burbujas que la caracterizan y de las imperfecciones que suele presentar la moldavita verdadera.

Prueba del rayado

Recurra a la escala de Mohs para averiguar la dureza del cristal. Los cristales de una dureza 1-2 en la escala Mohs son lo suficientemente blandos como para poder rayarlos con una uña. Los de 3-5 son de dureza media y se pueden rayar con el metal. Los cristales de 6-9 no pueden ser rayados por el metal, pero son capaces de rayar el vidrio, mientras que el diamante, con un 10 en la escala de Mohs, es el mineral más duro que se conoce y solo puede ser rayado por otro diamante. La prueba del rayado puede determinar también si un cristal ha sido recubierto con resina epoxi, tinte u óxido metálico (cuarzo aura).

Prueba de la luz ultravioleta

Muchos cristales naturales, como el rubí o la calcita mangano, presentan fluorescencia bajo la luz ultravioleta. Las reacciones de esta luz en piedras falsas resultan difíciles de falsificar.

Prueba del peso específico

Compare el peso del cristal con su volumen sumergiéndolo en agua. Diferentes minerales tienen diferentes pesos específicos. ¡Recuerde que este método solo es válido para piedras resistentes al agua!

Prueba térmica

El calor extremo puede dañar o decolorar los cristales falsos o teñidos, mientras que los naturales suelen resistirlo mejor. Averigüe cómo poner a prueba sus cristales mediante un método seguro antes de proseguir.

Índice de refracción

Cada mineral tiene su propio índice de refracción. Emplee un refractómetro para medir el índice de refracción de su cristal y así poder autentificarlo.

Consultar a un experto

Pida consejo a un gemólogo certificado o a un experto en cristales de confianza, sobre todo en el caso de especímenes de gran valor o poco comunes. Tenga cuidado al someterlos a pruebas o al intentar autentificarlos si son valiosos o delicados. En caso de duda, consulte siempre a un experto.

◄ Los cristales de colores vivos pueden darse de forma natural, pero casi siempre serán piedras teñidas o tratadas.

CÓMO ADQUIRIR CRISTALES PARA SU COLECCIÓN

Recuerdo que de niña me encantaba visitar museos, en parte porque me gustaba mucho aprender, pero también porque sabía que en la tienda de recuerdos encontraría cristales, piedras y geodas. Pasaba muchísimo tiempo revolviendo en los recipientes con piedras variadas para elegir la que me llevaría a casa.

Aunque las piezas de joyería o bisutería eran más fáciles de encontrar, a menos que formaras parte de un club de buscadores de minerales o tuvieras algo que ver con el sector, la oportunidad de adquirir cristales solía ser bastante limitada: museos, tiendas esotéricas, exposiciones o tiendas de minerales y la naturaleza.

A medida que la tecnología ha evolucionado y la popularidad del coleccionismo de cristales ha ido en aumento, la accesibilidad también ha mejorado. Aunque encontrar personalmente algo que añadir a la colección sigue siendo una experiencia satisfactoria, hoy día es igual de fácil, si no más, encontrar su nueva piedra favorita en Internet o a través de las redes sociales. Tanto si está empezando como si es ya un coleccionista experto, estas son las cinco formas más comunes de obtener nuevas piedras.

EXPOSICIONES DE MINERALES

Las exposiciones o salones de minerales son mi forma favorita de adquirir cristales tanto para mi tienda como para mi colección personal. Van desde pequeños eventos de la comunidad local hasta grandes salones de varias semanas de duración, como los de Tucson o Múnich, y resultan increíbles por su capacidad de reunir a mineros, fabricantes y vendedores de todo el mundo. Aunque algunos eventos son solo para mayoristas, muchos están abiertos al público y presentan una oportunidad para hacer una inmersión en la inmensa variedad de cristales, minerales y especímenes que este asombroso planeta nos ofrece.

Con una oferta de este calibre, las exposiciones de minerales son una forma maravillosa de descubrir nuevos cristales de los que nunca ha oído hablar, o encontrar esa pieza escurridiza para su colección (yo ando buscando una ajoíta), por lo general a precios más bajos que en una tienda, puesto que el trato es directo con los mineros, talladores o importadores.

También creo que este tipo de exposiciones son una de las mejores maneras de aprender más sobre los cristales: no solo los vendedores tienen historias fabulosas que referir, sino que contar con tanta variedad donde elegir significa que puede comparar diferentes grados y cualidades, comprender por qué un espécimen procedente de lugar de extracción específico es más caro que otro, y experimentar la magia de las piezas especiales que no se hallan en ninguna otra parte. Además, los grandes expositores de cristales y geodas que se exhiben en los eventos más importantes brindan una magnífica oportunidad para unas increíbles fotos y selfis.

Si le entusiasman los cristales, debe visitar una exposición de minerales como mínimo una vez en la vida.

TIENDAS DE MINERALES

Muchas personas, en especial las que buscan piedras por sus propiedades metafísicas, prefieren elegir sus cristales personalmente. Sabemos que las fotografías se pueden retocar, sin embargo, la observación en directo de una pieza o el contacto de una piedra plana y suave en la mano son experiencias incomparables. Aunque comprar en persona puede ser un poco más caro por los costes que supone un local, respaldar la tienda de minerales de su ciudad o pueblo le da la oportunidad de encontrar la piedra pulida perfecta, probarse brazaletes u otros tipos de adornos, sentir el efecto de la piedra en tiempo real y conectar con otros entusiastas de los cristales.

Antaño, un elemento que no podía faltar en las comunidades de la Nueva Era, en la actualidad, las tiendas de minerales han aumentado su presencia; además, existen muchos establecimientos tradicionales de decoración para el hogar, librerías e incluso tiendas de ropa que ofrecen un surtido de los cristales más populares. Si es curioso por naturaleza o si el abastecimiento con conciencia es algo importante para usted, le recomiendo que se ciña a sitios especializados, ya que sabrán responder mejor a las preguntas sobre la geología y el origen de los cristales, así como hacer recomendaciones.

COMPRA POR INTERNET

Si no vive cerca de una tienda esotérica o de minerales, Internet puede ser un recurso fantástico para adquirir nuevas piedras. Con miles de páginas web para explorar, muchas de ellas especializadas, ciertamente no le faltaran opciones donde elegir; además, contienen información tanto geológica como esotérica para ayudarle a tomar sus decisiones.

Sin embargo, hay que hacer una advertencia: la venta de cristales ha aumentado exponencialmente en los últimos años en sitios populares como Etsy y eBay, pero con el auge también lo ha hecho la difusión de desinformación y, francamente, las mentiras descaradas. Es fácil encontrar cristales concretos en estos sitios, gracias a sus potentes buscadores y de uso fácil, pero también permiten que cualquiera se ponga a vender cristales sin ningún conocimiento previo. Muchos de los vendedores no saben nada sobre piedras y no les importa su procedencia. Son incontables las veces en que me fijo que llaman celestita a la calcita azul, o que etiquetan la crisocola en un cuarzo como quantum quattro. En eBay hay montones de cristales falsos y tratados que se anuncian como naturales y reales. No todos los vendedores en línea se anuncian mal a propósito, pero es primordial que usted sepa exactamente qué hace.

Si tiene dudas sobre el conocimiento de un vendedor de cristales, o sobre su legitimidad, es más seguro comprar en las tiendas en línea con mejores puntuaciones o las empresas de cristales y minerales ya establecidas que tienen su propia página web, porque estarán bien afincadas en el sector.

REDES SOCIALES

En solo unos pocos años, comprar vía redes sociales se ha convertido en una de las formas más populares y accesibles de adquirir cristales. Desde su propio teléfono puede conectar con miles de tiendas de minerales de todo el mundo y ver qué ofrecen. Mientras que la oferta de una tienda física a veces es limitada, una simple búsqueda con *hashtag* le ayudará a encontrar ese vendedor que ofrece exactamente esa piedra poco común que busca. Las ventas en directo por Internet son la mejor opción después de la compra presencial, porque puede ver las piedras específicas que le interesa adquirir y preguntarle al vendedor sobre las mismas en tiempo real, todo ello desde su sofá.

La desventaja es que es el algoritmo el que dicta qué vendedores de piedras o cristales puede ver en su flujo de contenido, lo que limita las posibilidades de descubrir algo nuevo. En las ventas en directo, podría estar compitiendo con docenas de personas que intentan comprar el mismo artículo que a usted le interesa. Además, puede haber una excitación o nerviosismo en el ambiente que, si no va con cuidado, le llevará a comprar cosas que en realidad no quiere ni necesita. Ante las numerosas tiendas en línea grandes y pequeñas que ofrecen ventas en directo al instante, yo le recomiendo que busque aquellos vendedores que compartan el mismo tipo de energía, valores y estética que usted; se sentirá más cómodo y seguro.

BUSCAR MINERALES EN PLENA NATURALEZA

Hay algo verdaderamente mágico en descubrir un cristal en estado natural. De la misma manera que la jardinería le conecta con la tierra, los elementos, el espíritu de las plantas que cuida y la relación de reciprocidad entre humanos y naturaleza, en mi opinión ocurre lo mismo cuando se va en busca de minerales; eso sí, siempre que se haga con respeto por la Tierra y los cristales que de ella se extraen.

Si le preocupa cómo se obtienen los cristales, hacer la extracción usted mismo es la mejor forma de garantizar que no hay explotación laboral implicada y que el impacto sobre el medio ambiente es mínimo. Dicho eso, por favor asegúrese de realizar de antemano una buena investigación. Respete los límites de las reservas tribales, pida permiso antes de buscar en propiedades privadas y aprenda a extraer piedras de una forma segura para usted y para el medio ambiente.

Si se inicia en la actividad, existen numerosos pequeños negocios familiares que le permiten, por el precio de una entrada, visitar sus lugares de extracción y quedarse con las piezas que encuentre. También puede contactar con grupos locales especializados para informarse sobre lugares de extracción seguros o formar parte de alguna expedición en grupo. Además de resultar muy divertido, saber que es usted quien encontró sus nuevos cristales y que se esforzó por descubrirlos, refuerza la relación que tiene con ellos y con la Tierra.

CÓMO ADQUIRIR CRISTALES CON INTENCIÓN Y CONCIENCIA

A medida que coleccionar cristales se va popularizando a través de las redes sociales, es fácil centrarse en la belleza o los beneficios de un cristal y olvidar la enorme cantidad de trabajo que costó que una piedra llegara a sus manos.

Los expertos calculan que los cristales pasan por entre cinco y quince pares de manos antes de llegar a nosotros. Existen muchas oportunidades para que estas piedras ofrezcan independencia económica y sustento a cada persona que las extrae con cariño, las clasifica, pule, talla y vende, pero en un mercado cada vez más exigente y lucrativo, la industria de los minerales puede fácilmente convertirse en una arma explotadora.

Si trabaja con cristales con fines energéticos o de sanación, es imprescindible asegurarse, hasta donde sea posible, de que todos los que contribuyeron a que llegaran a nuestras manos —desde el minero hasta el vendedor de la tienda— fueron tratados con respeto y compensados adecuadamente por su tiempo, esfuerzo y trabajo.

Es igual de importante recordar que si el precio de un cristal parece demasiado bueno, o especialmente barato, significa que alguien en la cadena de suministro está pagando el coste oculto. Podría ser en forma de degradación medioambiental, explotación laboral o comunidades que soportan el peso de prácticas insostenibles.

En este apartado exploramos los métodos más comunes de extracción y talla, con la esperanza de que una mayor concienciación nos ayude a formular las preguntas necesarias para que el sector empiece a tener en cuenta el bienestar de todos los que intervienen en el proceso, sin dejar de proteger a quien produce estas magníficas piedras: la Tierra.

PRÁCTICAS DE EXTRACCIÓN COMUNES

EXTRACCIÓN EN SUPERFICIE

La minería de superficie se refiere a la técnica de acceder a yacimientos poco hondos de gemas y minerales metálicos, situados cerca de la superficie terrestre, retirando la vegetación, la tierra, los lechos rocosos y, en ocasiones, cimas enteras de montañas para llegar a ellos. La extracción de cristales suele consistir en dos de las tres principales técnicas de extracción en superficie. Cabe destacar que, en un principio, el objetivo principal de muchas minas superficiales no eran los cristales; estos se consideraban subproductos de los depósitos de mineral metálico para los que, en realidad, se creó la mina.

Minas cortas a cielo abierto

La mina corta a cielo abierto implica retirar la tierra y el lecho rocoso para crear un cono escalonado a través del cual llegar a los minerales deseados. Los conos pueden variar de tamaño: la mayor parte de los de cristales tienden a ser pequeños, pero algunas minas de minerales pueden tener kilómetros de largo, causando cambios drásticos en el entorno local. Este tipo de minería, típicamente usada para metales y piedras preciosas como el diamante, puede originar contaminantes nocivos según sea el proceso de extracción y el material que se saca, lo cual puede poner en peligro a los mineros, así como a la flora, la fauna y las personas de las localidades cercanas. Muchos países cuentan con una legislación específica para mitigar el impacto ambiental que incluye la rehabilitación del pozo, y que consiste en rellenarlo con la capa superficial del suelo y plantar vegetación. La recuperación puede tardar décadas.

Minas horizontales a cielo abierto

Otra forma destructiva para el medio ambiente son las minas horizontales a cielo abierto, que requieren retirar la cubierta vegetal situada sobre una veta de mineral o metal y después excavar franjas anchas y poco profundas para acceder a los yacimientos. Una vez agotados estos, los residuos rocosos se utilizan para rellenar el hueco antes de pasar a excavar la franja siguiente. Si bien la extracción de minerales a menudo supone exponerse a sustancias químicas derivadas de los tratamientos que se requieren para extraer los metales de la roca, la extracción de cristales no suele conllevar este proceso. Los métodos de reclamación tras el agotamiento de una mina horizontal pueden ir desde rellenar el hueco hasta crear un lago artificial, plantando vegetación autóctona para rehabilitar la tierra, o la creación de parques.

EXTRACCIÓN SUBTERRÁNEA

En la minería subterránea, se excavan túneles y cámaras en la tierra o en las laderas de montañas o acantilados para acceder a los metales, minerales y piedras preciosas que hay debajo de la superficie terrestre. Este método supone un riesgo para los trabajadores por los potenciales hundimientos o por la inestabilidad estructural de la zona contigua, sin embargo, la minería subterránea es mucho menos perjudicial para el medio ambiente que la superficial, porque solo se precisa retirar un pequeño porcentaje de la cubierta vegetal. Existen numerosos tipos de minería subterránea, pero los tres más comunes para la extracción de cristales son:

Túneles

Una de las técnicas más comunes para la minería de cristales, el túnel se construye desde la

◀ Un ejemplo de una mina corta de hierro en la selva amazónica, en la zona de Para, Brasil. La perspectiva aérea permite ver el impacto que las minas a gran escala tienen sobre la ecología local.

superficie directamente sobre la veta del lecho rocoso que contiene los cristales; más tarde, se ampliará con otros túneles o cavernas. Los cristales se extraen de la roca mediante explosivos, taladros o picos. Como la construcción de túneles no implica un gran trastorno topográfico, es la explotación minera más amable con el medio ambiente, aunque las instalaciones pueden variar mucho en términos de precauciones de seguridad y en la gestión responsable de residuos y eliminación de rocas.

Pozo vertical

Este sistema describe el pozo vertical que se excava en el lecho rocoso junto a la veta de cristal o metal. A partir de él, se construyen túneles en la veta mediante taladro o voladura, a diferentes profundidades de la superficie. Las piedras preciosas, cristales o minerales se extraen y se llevan a la superficie por el pozo vertical. Este método tiene menor impacto que la mina corta a cielo abierto, pero los residuos pueden contaminar el ambiente si no se hace con precaución.

Cámaras y pilares

Más generalmente usado para la extracción de metales o carbón, este método se puede utilizar para extraer minerales incrustados horizontalmente en el lecho rocoso. Se construyen túneles paralelos mediante voladuras en la veta o piedra para crear cámaras, a la vez que se dejan grandes «pilares» de material para sostener la tierra que hay encima y evitar el colapso. Esto maximiza la cantidad de metal o cristal que se puede extraer, al tiempo que mantiene la estabilidad de la montaña o los estratos que se encuentran sobre la mina. Al igual que las otras dos técnicas de minería subterránea, cada instalación puede variar mucho en términos de su impacto sobre el ecosistema.

EXTRACCIÓN ALUVIAL

Muchos menos invasiva que la minería superficial o subterránea, la aluvia implica explotar ríos, lagos y otros cuerpos de agua en busca de metales preciosos y cristales populares como ágatas, jaspes, granates y amatistas, e incluso piedras preciosas como el rubí o el ópalo.

Aluviones o pláceres

Este tipo de extracción, que evoca imágenes de los buscadores de oro de la década de 1840, implica cribar en busca de piedras preciosas, cristales o metales en las aguas y sedimentos de un río, un lago o incluso el mar, utilizando bateas planas, cestas tejidas, mecedoras o filtros. Por ejemplo, un minero llena su batea con agua (o sedimento) y la agita para separar los materiales más densos y retirar las piedras. En general, el método tiene un impacto bajo, pero puede crear inestabilidad en los ecosistemas acuáticos si el lecho del río o del lago se agita o draga.

Excavar en seco

En la excavación en seco, los mineros desvían un arroyo, riachuelo o río para crear una zona seca del lecho fluvial original donde poder cribar y recoger piedras preciosas, cristales o pepitas de metal. Aunque el daño ecológico es mínimo, este varía según sea el largo del canal de desvío y el cuidado que se ponga en minimizar el impacto sobre la vegetación y los animales que viven en el río.

EXTRACCIÓN ARTESANAL

La mayoría de los métodos de minería mencionados (a excepción de la criba fluvial y la extracción aluvial) son utilizados exclusivamente por las explotaciones de las compañías que pueden permitirse excavar grandes conos a cielo abierto o minas de cámaras y pilares. Sin embargo, el 90 por ciento de todos los cristales y gemas del mundo es extraído a pequeña escala por trabajadores individuales de la minería artesanal. En muchos países, la minería artesanal y de pequeña escala (MAPE) es uno de los modos principales de ganarse el sustento, y las familias rurales suelen repartir su tiempo, según la temporada, entre la agricultura y la minería. Muchos mineros artesanales son independientes, pero algunos crean cooperativas para hacer cumplir las normas de seguridad y compartir los recursos a nivel local.

Extracción manual

Esta práctica implica recoger cristales sueltos o excavar los que están enterrados en la superficie, por lo general sin causar ningún daño al ecosistema donde se encuentran. Un método relativamente no invasivo que se realiza solo con utensilios manuales, lo que limita la capacidad de excavar si se compara con las herramientas motorizadas. La MAPE la suelen llevar a cabo individuos o grupos pequeños, lo que la convierte en un método de extracción de cristales de bajo impacto. Por desgracia, como no existe supervisión ni regulación, la práctica no cuenta con garantías, normas de seguridad, ni restricciones por edad.

Extracción «de fiambrera»

Este es un término americano para describir a los mineros que recogen cristales de forma oportunista mientras trabajan en otros sectores. A menudo, para complementar sus ingresos, estos mineros venden los cristales que encuentran mientras excavan en busca de minerales metálicos. Aunque resulte beneficioso para ellos, que a menudo cuentan con salarios bajos, este hecho suscita problemas de seguridad, ya que actúan en lugares no autorizados y desprovistos de protección.

TIPOS DE TALLADORES

Individuos o familias

Los talladores a pequeña escala trabajan de forma independiente o con su familia, a menudo siguiendo tradiciones que se remontan a varias generaciones pasadas. Estos talladores

mantienen una intensa conexión con la piedra local y, por lo general, están orgullosos de su habilidad. Por otro lado, muchos talladores individuales lo hacen en su propia casa, sin el equipo necesario que puede evitar lesiones accidentales o prevenir la silicosis (afección pulmonar causada por respirar polvo de cristal). Incluso así, comprar directamente a individuos o familias garantiza los ingresos de estos talladores y contribuye a mantener vivas las tradiciones artesanales.

Cooperativas

Los talladores de cooperativas y artesanos trabajan de forma colectiva y comparten beneficios y recursos, como los materiales para tallar, la maquinaria o el equipo de seguridad. Este modelo fomenta el sentido de comunidad porque forma a nuevas generaciones. También ofrece un medio de vida estable a los implicados, ya que refuerza el poder de negociación con las minas de las que obtienen la piedra y con los intermediarios que compran el producto para ponerlo en el mercado mundial. Aunque las cooperativas no suelen estar supervisadas, contribuyen de forma positiva a la economía local, y en algunos casos representan el único sustento de la zona.

Factorías

Las empresas más grandes emplean a trabajadores cualificados en fábricas de producción en masa. Aunque esto garantiza un mejor equipo de seguridad y buenas oportunidades de empleo, en muchas partes del mundo los salarios no son justos ni existen restricciones por edad o condiciones de trabajo seguras, por lo que es crucial estar bien informado. Muchas factorías intentan también vender por debajo del precio de mercado comprando minas en otros países, lo que deja poco material para los talladores locales que dependen de sus recursos autóctonos para sustentar a sus familias y comunidades. En caso de duda, intente comprar en fábricas regionales que emplean materiales locales.

Intermediarios

Los intermediarios desempeñan un papel crucial en el sector de los cristales al conectar a productores con compradores. Suelen adquirir cristales en bruto directamente de las minas, así como piedras talladas de los artesanos, cooperativas y factorías, y después exportan el material al extranjero. Algunos trabajan a pequeña escala, pero otros exportan cientos de miles de kilos a la vez. Aunque los intermediarios hacen que los cristales lleguen al mercado, las regulaciones cambiantes de cada país significan que es esencial elegir aquellos que dan prioridad a la extracción ética y que mantienen prácticas de negocio responsables y humanitarias.

CONCLUSIÓN

Como puede ver, hay muchas zonas grises. No existe ningún organismo ni consejo comercial en este sector que determine si el modo de extracción del material o su talla se considera ético o no. Comprar a mineros y talladores artesanales significa sustentar la comunidad local, pero no existe garantía sobre las condiciones de seguridad. Comprar en una fábrica de un país con sólida reglamentación gubernamental para la protección de los trabajadores no excluye que esta compre material de comunidades locales de otras partes del mundo. Rastrear un cristal a una mina concreta para estar seguro de las prácticas medioambientales es prácticamente imposible, a menos que usted conozca la mina del que procede.

En una economía global no hay nada sencillo. Pero cuanta más información tenemos, mejores decisiones podemos tomar. Conocer el origen de nuestros cristales y dar prioridad a proveedores que se ajustan a la sostenibilidad, las prácticas laborales justas y el bienestar de la comunidad es esencial para que la industria de los cristales pase a ser un sector que favorece el modo de vida de mineros, artesanos y comunidades, al tiempo que protege el medio ambiente para generaciones futuras. Todo cristal tiene su historia, y adquirirlo con intención contribuye a garantizar que esa historia hable de integridad, respeto y cuidado.

COLECCIONES DE CRISTALES

En este capítulo llegamos al punto central del libro. Ahora que tenemos una comprensión básica de los medios por los que se obtienen los cristales, se tallan y se ponen a la venta es el momento de hablar de los propios cristales

Esta segunda parte se subdivide en cuatro secciones principales que abordan temas diferentes y que le permitirán aumentar su colección de cristales de una manera inteligente. Para aquellos de ustedes que se inician en el tema, en la primera sección encontrarán mis primeros cristales favoritos (*Diez cristales para empezar su colección*). A continuación, la sección *Coleccionar según la intención* va dirigida a quienes desean poseer cristales re acionados con los chakras o signos zodiacales, o según su utilidad metafísica (p. ej. para dormir, para la memoria o para la creatividad). La sección *Coleccionar por tipo*, dedicada a las personas de orientación más geológica, se centra en las familias mineralógicas y profundiza en la parte científica de cada piedra. Por último, en *Coleccionar por características singulares* destacamos las características, inclusiones y formaciones de los cristales más preciados, es decir, aquellos que mayoritariamente buscan los coleccionistas experimentados y exigentes.

Tanto si decide centrar su colección en la belleza, las asociaciones espirituales, la geología, las formaciones y características, o una combinación de todo ello, espero que las siguientes páginas le sirvan de información e inspiración.

DIEZ CRISTALES PARA EMPEZAR SU COLECCIÓN

Iniciar el viaje viaje por el mundo de los cristales puede resultar abrumador. Existen más de 5000 minerales en nuestro increíble planeta, y cada año se descubren otros nuevos. ¿Cómo saber por dónde empezar? Cuando me preguntan, yo siempre recomiendo comenzar con los cristales que le atraen y le fascinan o aquellos con los que se siente cómodo al sostenerlos en la mano. Pero nunca viene mal tener una guía para ayudarnos a empezar.

Los diez cristales de esta colección para principantes son fáciles de hallar, pero son cualquier cosa menos básicos. Cubren prácticamente todas las bases energéticas y en mi modesta opinión, son cristales clásicos que todo amante de los cristales debería tener en su colección.

1 CUARZO TRANSPARENTE

Retiene la intención. Amplía la energía. Piezoeléctrico.

Conocido como «cristal maestro», el cuarzo transparente se encuentra en casi todos los países del mundo y es bien conocido por su capacidad de conservar y transmitir cualquier energía.

GRUPO MINERALÓGICO: cuarzo
DUREZA EN LA ESCALA DE MOHS: 7
CHAKRA: corona/todos

Lo que hace tan especial al cuarzo transparente son sus propiedades metafísicas y científicas: es capaz de conservar frecuencias muy precisas una vez programado y también es piezoeléctrico, lo que significa que puede producir energía (electricidad) cuando se somete a presión mecánica. Esta capacidad de generar energía y transmitir frecuencias lo convierte en un valioso componente para relojes, ordenadores, televisores e incluso satélites, así como lentes de microscopios, telescopios y láseres. Actualmente, la mayor parte de los cuarzos transparentes para uso en tecnología y equipamientos se se crea en laboratorios, pero nuestro uso del cuarzo transparente natural se remonta a un mínimo de 30 000 años atrás. Durante las excavaciones en antiguos lugares de enterramientos se han hallado amuletos de cuarzo transparente; al parecer, se consideraban talismanes para la vida en el más allá.

Desde el punto de vista metafísico, las propiedades del cuarzo transparente concuerdan con las científicas: como cristal maestro, la magia del cuarzo reside en su capacidad de retener frecuencias —de otro cristal, una fuente energética o una intención específica programada— y transmitir esa frecuencia al universo. El cuarzo transparente puede sustituir a casi cualquier otra piedra y es un potente amplificador para las rejillas cristalinas. Programar un cristal de cuarzo con una intención y tenerlo cerca le ayudará a manifestar esa intención en la realidad. Las puntas naturales o las varitas talladas son herramientas poderosas para enfocar la energía durante un ritual.

2 AMATISTA

Intuición. Conciencia de sí mismo. Templanza.

La amatista es uno de los cristales más versátiles, populares y queridos. Delicadamente protectora, la amatista muestra lo que es bueno para nosotros, mientras que su energía tranquilizadora aporta sensación de calma a cualquier espacio vital.

GRUPO MINERALÓGICO: cuarzo
DUREZA EN LA ESCALA DE MOHS: 7
CHAKRA: tercer ojo

El nombre de la amatista se deriva del griego antiguo *amethystos*, que significa «no embriagado». La leyenda cuenta que Dioniso, el dios griego del vino, transformó a una mujer en un cristal transparente. Al momento se arrepintió y derramó su copa de vino sobre la piedra, tiñéndola de color violeta, como promesa de no volver a perder los estribos en estado de embriaguez. Aunque los antiguos griegos creían que la amatista era capaz de evitar la embriaguez, ahora se considera que suaviza el carácter y favorece la liberación de hábitos nocivos al fomentar la conciencia de sí mismo. Cristal para el chakra del tercer ojo, la amatista despierta la intuición y confiere una delicada protección. Nos abre la mente a la naturaleza espiritual de la vida y nos ayuda a volver al momento presente cuando nos sentimos agobiados, reactivos o disparados.

Su tono oscila entre el lavanda, el ciruela rosado y el violeta oscuro. El color se debe a las trazas de hierro del interior del cuarzo, que fue sometido a la radiación natural mientras se formaba. Se encuentra en todo el mundo, desde Siberia hasta México, y se da en una variedad de formaciones, dependiendo del lugar. Suele presentar una forma de racimos, geodas, puntas hexagonales saturadas de alto grado, grandes depósitos microcristalinos (como la amatista chevron), e incluso en «ramilletes» de varitas, como la amatista Bahía. El rango de precios oscila mucho según el lugar de extracción y el grado; las piedras facetadas de mayor calibre se reservan para joyería y las grandes geodas para la decoración del hogar. Se halla fácilmente en la mayoría de establecimientos y exposiciones de minerales.

3 CUARZO ROSA

Amor divino. Amor romántico.
Amor familiar. Amor propio.

La piedra del amor por excelencia, el cuarzo rosa vibra con las frecuencias del amor universal, que abarca todos los aspectos de esta importantísima emoción.

GRUPO MINERALÓGICO: cuarzo
DUREZA EN LA ESCALA DE MOHS: 7
CHAKRA: corazón

Mientras que otras piedras ahondan en los pormenores de la sanación del chakra del corazón, el cuarzo rosa es el cristal al que recurrir cuando deseamos atraer más amor a nuestra vida. Nos ayuda a conectar con los demás de forma más auténtica, a descubrir la compasión por el otro, sanar un corazón roto, encontrar pareja, reparar las heridas de una relación y, lo más importante de todo, conectar con nosotros mismos y amarnos profunda y plenamente. El amor divino y el amor universal carecen de condiciones y limitaciones, y el cuarzo rosa nos ayuda a liberarnos del condicionamiento social que dice que no damos la talla y que no merecemos ser amados tal como somos en todo momento. Esta amable piedra rosa nos recuerda que siempre damos la talla, y que si el universo es capaz de amarnos como somos, los otros pueden hacerlo también.

Siendo una piedra tan importante, no sorprende que el cuarzo rosa se halle en todos los continentes habitados. Aunque algunos raros especímenes de cristal se encuentran en ciertas áreas de Brasil, el cuarzo rosa suele crecer como rocas microcristalinas, que se dejan en bruto o se tallan o pulen en multitud de formas. Su tonalidad suele ir de un pálido rubor vidrioso a tonos chicle, por las inclusiones microscópicas de un mineral de borosilicato rosa relacionado con la dumortierita. El cuarzo rosa combina bien con casi cualquier otro cristal, y es perfecto para llevar en una pieza de joyería, dejarlo al lado de la cama o emplearlo en baños rituales.

4 TURMALINA NEGRA

*Anclaje. Protección mental, emocional
y espiritual. Seguridad física.*

Conocida también como schorl, las personas recurren a este
cristal en momentos de inestabilidad e inseguridad. Es uno de
los cristales del chakra raíz más accesibles y preeminentes.

GRUPO MINERALÓGICO: turmalina

DUREZA EN LA ESCALA DE MOHS:
7-7,5

CHAKRA: raíz

Conocida por su capacidad de formar un
escudo energético impenetrable a nuestro alrededor, la turmalina negra nos protege contra
energías nocivas o densas. Cuando nos sentimos desarraigados, volubles o emocionalmente
disasociados, este cristal guardián nos ayuda a
regresar a nuestro cuerpo, dándonos sensación
de seguridad. Una piedra poderosa para el
anclaje, la turmalina negra favorece la conexión
profunda de nuestro chakra raíz (o base) con
el campo energético de la Tierra, y equilibra
de forma segura la intensidad de las piedras
de elevada frecuencia como la moldavita o el
diamante de Herkimer.

No suele ser cara (excepto algunos especímenes notables terminados en punta) y se
encuentra en todo el mundo. La mayor parte
de las tiendas de minerales la venden en bruto,
desde fragmentos diminutos hasta columnas de
buen tamaño. Aunque la turmalina negra puede
ser una piedra fuerte o densa, tiende a astillarse
o desconcharse debido a las imperfecciones de
los patrones de crecimiento e inclusiones como
la mica o el cuarzo. Ocasionalmente, se puede
pulir o tallar en columnas o esferas si la piedra
tiene la densidad suficiente. La turmalina negra
es perfecta para usarla en meditación, para
arraigarse. La puede dejar en el coche o en
casa, sobre todo cerca de los portales, o llevarla
como joyería para invocar sus cualidades protectoras a lo largo del día.

5 SELENITA

Limpia. Purifica. Vibración elevada. Utilizada históricamente para hacer abalorios y piezas de joyería.

Como la versión cristalina del humo sagrado, la selenita eleva la frecuencia de todo lo que la rodea, purifica la energía de un espacio, las auras de las personas e incluso las de otros cristales.

GRUPO MINERALÓGICO: yeso
DUREZA EN LA ESCALA DE MOHS: 2
CHAKRA: corona

La selenita se llama así por Selene, la diosa griega de la Luna, debido a que su luminosidad recuerda la luz lunar. Es una piedra de limpieza y purificación.

La selenita es la forma cristalizada del yeso y es una «evaporita», que significa que la solución iónica de yeso forma cristales cuando el agua se evapora. Como resultado de ello, se suele encontrar en zonas desérticas como las de Marruecos, el sudoeste de Norteamérica, y México. La de nuestro ejemplo es una variedad fibrosa y opaca conocida como espato satinado, que está muy extendida, es fácil de tallar y es la forma de selenita menos costosa, aunque también se pueden obtener especímenes de cristal de maravillosa transparencia en México, así como racimos dorados en Utah.

Puede trabajar con la selenita de muchas maneras. Ponga el cristal encima o al lado del marco de una puerta para limpiar la energía que entra en la casa, o en su altar para mantenerlo siempre purificado. Si trabaja con clientes, este cristal natural de sulfato de calcio hidratado es adecuado para limpiar fácilmente el espacio entre sesiones. Llevar selenita encima forma una burbuja de luz a su alrededor y le ayuda a limpiar lo que es nocivo antes incluso de que llegue a usted. Es perfecta como parte de un ritual para purificar su propio campo energético: simplemente sostenga un trozo de selenita e imagínese «borrando» los bloqueos y las energías pegadas a su aura; sienta cómo se disuelven ante el campo vibratorio de la selenita. Nota: por ser una evaporita, una prolongada exposición al agua puede invertir el proceso, así que manténgala alejada de la humedad y de la intemperie.

6 AVENTURINA VERDE

Suerte. Abundancia y prosperidad.
Crecimiento. Salud.

La aventurina verde, chispeante y de un verde exuberante, se ha utilizado históricamente para fabricar abalorios y joyas, y para decorar estatuas de divinidades. Desde hace milenios se la asocia con la riqueza y el bienestar.

GRUPO MINERALÓGICO: cuarzo
DUREZA EN LA ESCALA DE MOHS: 7
CHAKRA: corazón

Considerada la más afortunada de todas las piedras, la aventurina verde atrae la oportunidad, la prosperidad y la salud mediante su frecuencia de alegre crecimiento y abundancia. Infunde en nuestro campo energético optimismo y gratitud, recordándonos todas las formas en que ya somos ricos y facilitando la atracción de la abundancia adecuada. Asociada con la milagrosa regeneración del mundo natural, la aventurina verde favorece la salud física y es excelente para trabajar cuando las personas, plantas o animales necesitan curarse, mejorar o recuperarse.

Los destellos iridiscentes de la aventurina verde y su tono verdoso se deben a las escamas de mica fuchsita —que contiene cromo— distribuidas por todo el cuarzo, que atrapan y reflejan la luz en un despliegue prismático. Cristal relativamente económico, la aventurina verde se encuentra con facilidad y se puede comprar en todas las tiendas de minerales. Cuanto más oscuro sea el color, más saturado está el cuarzo de fuchsita, con depósitos de verde intenso denominados «cuarzo fresa verde». La aventurina verde, miembro microcristalino de la familia de los silicatos, se extrae de vetas y depósitos de todo el mundo, y después se talla en cualquier forma imaginable, como figuritas ornamentales, columnas, cuencos, abalorios y piezas de joyería o talismanes de la suerte. Este cristal es resistente al agua, por lo que puede usarlo en su jardín o en un recipiente para fortalecer la salud y el potencial crecimiento de las plantas. Se utiliza también en rejillas cristalinas, para guardar en la cartera o monedero y para llevar encima con el objeto de atraer la suerte, la prosperidad y la salud.

7 CITRINO

Riqueza. Manifestación. Autoestima.

El citrino se asocia con el chakra del plexo solar, el centro de la persona, y atrae la abundancia al recordarnos lo que valemos.

GRUPO MINERALÓGICO: cuarzo
DUREZA EN LA ESCALA DE MOHS: 7
CHAKRA: plexo solar

El citrino dorado refleja la riqueza que legendariamente aporta. El citrino nos pide que recordemos que somos seres divinos, únicos y poderosos. Somos dignos de cualquier riqueza que sea para nuestro bien y de disfrutar la vida de nuestros sueños. Pero si no creemos plenamente en que esa abundancia es posible o que merecemos la prosperidad, es difícil para el universo crear esa vida juntamente con nosotros.

La calidez y energía inherentes al citrino nos pueden ayudar a tener una mentalidad más positiva y nos piden centrarnos en las riquezas que ya tenemos, en lugar de en nuestras carencias. Al elevar nuestra vibración, irradiando gratitud y sintiendo la certeza de que somos dignos, podemos empezar a atraer esa realidad a nuestras vidas. El citrino nos ayuda a tener salud y a conservarla, al tiempo que nos inculca generosidad.

Entre las formas de trabajar con este cristal está la preparación de una rejilla cristalina para la manifestación, o crear una bolsa para atraer el dinero con un citrino pulimentado y otras piedras que representen la abundancia. Si le atrae el feng shui, ponga un citrino en el rincón de la riqueza de su hogar o lugar de trabajo, o coloque este cristal resistente al agua en la base de una planta de interior para crear un «árbol del dinero».

El citrino tiende a desarrollarse en formaciones en punta o catedrales, por lo general cortadas por la base para formar columnas, mientras que otros menos comunes y de mayor tamaño se pueden tallar. A veces se encuentra en zonas que también producen cuarzo ahumado; cuando estos depósitos se solapan se da un «citrino ahumado» de tono más oscuro. Gran parte del «citrino» que está a la venta es amatista, tratada térmicamente para darle un tono anaranjado, o cuarzo limón tratado. El citrino auténtico tiene un tono dorado o de miel.

8 CORNALINA

Creatividad artística. Inspiración.
Pasión. Fertilidad. Creación.

La cornalina nos recuerda que las pasiones de la vida, sea cual sea su forma de expresión, dan profundidad y color a las realidades cotidianas y, al final, serán lo que haga de nuestras vidas una bella historia digna de ser contada.

GRUPO MINERALÓGICO: calcedonia
DUREZA EN LA ESCALA DE MOHS: 7
CHAKRA: sacro

Muchas personas sienten pasión por la cornalina, lo que no sorprende porque es una piedra que apasiona. Musa para cualquier tipo de arte creativo, la cornalina nos conecta de nuevo con la fuente pura y nos muestra cómo aprovechar lo que está esperando nacer en nosotros, ya sea una novela, una canción, un cuadro o una nueva idea de negocios. Inspira también pasión física y es famosa por su capacidad de revitalizar nuestros deseos, dándonos apoyo cuando intentamos concebir una nueva vida. La cornalina nos pide que nos quedemos con nuestros deseos en lugar de rechazarlos. ¿Qué nos quieren decir? ¿Cómo de grande queremos que sea nuestra vida? ¿Qué deseamos crear en nuestro tiempo?

La cornalina es una variedad de ágata con bandas rojas que suele proceder de Brasil, India, Egipto, Uruguay o Madagascar. La cornalina microcristalina se ha usado como amuleto desde tiempos antiguos, pero hoy día se talla en toda una serie de formas, como corazones, columnas, llamas o, para los interesados en sus propiedades de fertilidad, huevos o figuritas anatómicas.

Como las propiedades de la cornalina son tanto creativas como físicas, es mejor utilizarla teniendo una intención clara. Para reforzar la pasión física, ponga una cornalina cerca o debajo de la cama. Para equilibrar las hormonas, aliviar los dolores menstruales o aumentar las posibilidades de concebir, deje la cornalina sobre su pelvis mientras medita o en la mesilla de noche. Yo tengo una en mi mesa de trabajo para que me ayude con el flujo creativo, pero también puede guardarla con sus pinturas al óleo, la funda de la guitarra o la bolsa con su ropa de baile. La cornalina nos recuerda que la inspiración y la pasión están siempre allí para enriquecer nuestra vida.

9 SODALITA

Escritura. Comunicación de pensamientos y conceptos. Percepción agudizada. Enfoque. Función cognitiva.

La sodalita desprende una energía estabilizadora, equilibrada y matizada. Ayuda a discernir, favorece una perspectiva clara y crea espacio para que reconozcamos nuestra propia verdad.

GRUPO MINERALÓGICO: sodalita
DUREZA EN LA ESCALA DE MOHS: 5,5-6
CHAKRA: garganta, tercer ojo

Denominada «piedra de los escritores», «piedra de los poetas» y «piedra de la verdad», no es de extrañar que la sodalita, de un azul intenso, sea una de las favoritas desde su descubrimiento en 1811. La sodalita es un cristal de comprensión intelectual y de expresión cuidada que nos ayuda a asimilar toda la información aprendida, todas las observaciones que hemos hecho, todas las verdades que bullen en nuestro interior, y a expresarlas en palabras. Piedra de poesía, la sodalita ayuda a traducir conceptos, por más sentidos o complejos que sean, en algo que los demás puedan entender. Tanto si simplemente deseamos comunicarnos con claridad como si intentamos reinventar el mundo con nuestros escritos, la sodalita nos anima a dejar salir las palabras.

Para aprovechar los beneficios de la sodalita, mantenga esta piedra en su lugar de trabajo o allí donde escribe. Llevar encima o en el bolsillo una sodalita pulida al viajar favorece la traducción y la comunicación. Intelectualmente estimulante, es perfecta para que los estudiantes la tengan en clase cuando deben asimilar gran cantidad de información, y también para hacer exámenes o tesis. Geológicamente, la variedad azul es solo una del grupo de las sodalitas, pero es la más común. Comercializada y utilizada como abalorio por las comunidades indígenas de Sudamérica, la sodalita solo alcanzó importancia comercial como piedra ornamental en 1891, cuando se descubrió un importante depósito en Canadá. Actualmente, gran parte de las sodalitas se extraen también de Estados Unidos, Brasil, Rusia e India.

10 LEPIDOLITA

*Calma. Tranquilidad. Contra la ansiedad.
Equilibrio emocional y mental.*

La lepidolita es una piedra delicada y tranquilizante que equilibra las emociones y ayuda a calmar el sistema nervioso durante periodos de ansiedad, depresión o estrés.

GRUPO MINERALÓGICO: mica
DUREZA EN LA ESCALA DE MOHS: 2,5-4
CHAKRA: tercer ojo, corona

Como piedra final de esta colección para principiantes he escogido la lepidolita, una mica violeta o rosa con litio natural que emana serenidad y equilibrio y es fácil de encontrar. La lepidolita es una piedra que ayuda cuando sufrimos estrés, ansiedad, tensión, altibajos emocionales o insomnio. Cuando el sistema nervioso se agudiza, por estrés crónico de bajo nivel o por un pico de ansiedad, la lepidolita nos ayuda energéticamente a regularlo y a volver a un estado parasimpático de conciencia serena. Para quienes tienen dificultad para dormir a causa de los pensamientos o emociones agitados, la lepidolita absorbe suavemente la tensión y los temores del día, ayuda a dormirse y favorece los sueños reparadores.

Como mica, la dureza de la lepidolita puede variar mucho, desde frágiles capas de «libros» de mica pura hasta variedades más densas con «impurezas» que permiten pulirla o tallarla en columnas, esferas o incluso estatuillas. La lepidolita se encuentra a menudo en pegmatitas con cuarzos, turmalinas y feldespatos, por lo que funciona bien con cristales de esas familias, así como con otras micas.

Si es propenso a la ansiedad o está pasando por una época difícil o de gran estrés, la lepidolita ayuda cuando se lleva encima o se tiene cerca, y es especialmente eficaz como piedra de preocupación o para la meditación. Para el insomnio o las pesadillas, deje una lepidolita al lado de la cama o bajo la almohada para facilitar la transición a un sueño más tranquilo.

COLECCIONAR SEGÚN LA INTENCIÓN

El modo en que ampliamos nuestra colección varía según la persona, pero seleccionar piedras basándose en la energía y en las supuestas propiedades metafísicas se ha convertido en algo cada vez más común, incluso corriente, en los últimos años. Puede que busquemos piedras que nos sustenten en una necesidad o situación determinada por la que estemos pasando, o tal vez queramos trabajar con cristales para aprovechar nuestra capacidad de manifestar un resultado específico, o favorecer un sentimiento determinado. Los cristales de las páginas siguientes, adecuados para coleccionar según la intención, son los que me suelen pedir con mayor frecuencia, aunque no son más que una muestra de las infinitas posibilidades que los cristales nos ofrecen.

CRISTALES PARA LOS CHAKRAS

Piedras que sintonizan energéticamente con los chakras.

Los chakras son un sistema de centros energéticos distribuidos por el cuerpo que se remonta a la antigua India. Cada chakra se asocia con diferentes partes de nuestra fisiología, experiencia y aspecto del crecimiento espiritual. Los cristales, al igual que los mantras, mudras, posturas de yoga y tonos, se pueden utilizar para activar, equilibrar y desbloquear chakras específicos. Se ilustran en las páginas 42-43 (*véanse los números correspondientes*).

CHAKRA ESTRELLA DE LA TIERRA

Vasundhara
Ubicación: 7,5-30 cm por debajo de los pies
Color: marrón
Mantra: Yo conecto

El chakra estrella de la tierra es el punto de anclaje de toda el aura o cuerpo etérico. Este centro energético nos arraiga profundamente en el corazón y la conciencia de Gaia, la Madre Tierra, y nos permite conectar con las líneas ley y los registros akáshicos (*véase pág. 140*), no solo de nuestro planeta, sino de todo el colectivo humano.

1. Aragonita estrella
La aragonita estrella fortalece nuestra capacidad para conectar con las líneas ley del planeta y nos ayuda con el intercambio energético entre el yo y la conciencia terrestre.

2. Piedra del chamán
La piedra del chamán refuerza nuestras raíces energéticas ancladas en la tierra, facilitando el viaje chamánico, la comunicación con los elementos y el equilibrar la polaridad del campo energético de vuelta a la resonancia Schumann (la frecuencia dominante de la Tierra).

CHAKRA RAÍZ O BASE

Muladhara
Ubicación: base de la columna vertebral
Color: rojo/negro
Mantra: Yo soy

El chakra raíz es el centro de la seguridad, la estabilidad y el arraigo. Cuando sentimos que nuestras raíces energéticas descienden profundamente por la tierra, nos sabemos cuidados y que nuestros cimientos son sólidos. Cuando el chakra raíz está equilibrado —en otras palabras, cuando sabemos que estamos a salvo—, cualquier cosa es posible.

1. Turmalina negra
La turmalina negra protege mental, emocional y físicamente. Bloquea las energías negativas percibidas. La turmalina schorl es asimismo una de las piedras que más arraiga.

2. Cuarzo ahumado
El cuarzo ahumado arraiga y filtra, transmuta las energías nocivas y las devuelve a la Tierra. Asimismo ayuda a la encarnación física y a la integración de frecuencias más elevadas.

3. Hematites
La hematites desintoxica y arraiga profundamente, favorece la sensación de seguridad y sabe anclar las energías espirituales en el reino físico.

4. Cuarzo hematoide
El cuarzo con inclusiones de hematites equilibra, estabiliza y da energía. Ayuda a vencer la ansiedad o el miedo, y discierne entre lo que es una reacción provocada de una respuesta necesaria.

5. Calcita roja
Una piedra de encarnación que favorece el aprecio por nuestro cuerpo y las experiencias como ser físico. Asimismo aporta una suave infusión de *prana* (o *chi*) vía el chakra raíz.

CHAKRA SACRO
Svadhishthana
Ubicación: bajo abdomen (unos 5 cm por debajo del ombligo)
Color: naranja
Mantra: Yo siento / Yo creo

El chakra sacro es el espacio energético de la creación en el interior del cuerpo. Tanto si estamos generando una nueva vida, como conectando con nuestra creatividad artística o creando un nuevo proyecto, el centro del sacro es terreno fértil para todo aquello que somos capaces de crear.

1. Cornalina
Un cristal de pasión, habilidad artística, inspiración y fertilidad, la cornalina nos anima a dar a luz a la vida que aguarda en nuestro interior, ya sea esta creativa, empresarial o física.

2. Cuarzo mandarina
El cuarzo mandarina se asocia con la curiosidad, la creatividad y el entusiasmo; libera de la culpa y ayuda a comprometernos con nuestras pasiones, ya sean estas artísticas o corpóreas.

3. Vanadinita
La vanadinita abre el espacio para la inspiración y la innovación y nos proporciona la resistencia para completar los proyectos artísticos que hemos iniciado.

4. Granate
El granate es una piedra de encarnación y nos ayuda a encontrar la alegría en el mundo físico, así como la seguridad, la aceptación de uno mismo y la pasión en nuestro cuerpo físico.

5. Calcita naranja
La calcita naranja estimula la parte lúdica (en los niños) y la sexualidad sana (en adultos), favorece la inspiración y la satisfacción que aparecen cuando nos divertimos.

CHAKRA DEL PLEXO SOLAR
Manipura
Ubicación: abdomen superior (estómago)
Color: amarillo/dorado
Mantra: Yo hago

El plexo solar es la sede de nuestra fuerza de voluntad, motivación, confianza y autoestima. Este centro nos capacita para emprender una acción, manifestar lo que deseamos, y recordar lo únicos, importantes y valiosos que somos. Cuando está equilibrado, las acciones que emprendemos y la luz que irradiamos benefician y catalizan a otros.

1. Pirita
La pirita, literal y energéticamente «iniciadora de fuego», nos muestra cómo manifestar a través de chispas de fuerza de voluntad personal y una acción con propósito. La pirita es protectora y también inspira fuerza y confianza.

2. Citrino
El citrino ayuda a atraer la riqueza y la abundancia mediante la expansión de nuestra autoestima. Instila confianza en uno mismo y alegría.

3. Ojo de tigre
Un cristal de fuerza energética, vitalidad y abundancia, el ojo de tigre equilibra la mente y la voluntad a través del discernimiento, el sentido práctico y la acción inspirada.

4. Cuarzo sanador dorado
Maestro sanador, esta variedad poco común del cuarzo hematoide desbloquea nuestra capacidad divina innata de sanarnos a nosotros mismos, física y energéticamente.

5. Calcita miel
La calcita miel inspira confianza en uno mismo y persistencia, despeja bloqueos y aporta energía a este chakra. Aúna la claridad mental con la voluntad bien enfocada necesarias para alcanzar los objetivos.

CHAKRA DEL CORAZÓN
Anahata
Ubicación: centro del pecho
Color: verde/rosa
Mantra: Yo amo

Se sabe que el chakra del corazón es el centro energético más potente del cuerpo, donde se reúnen los chakras superiores e inferiores, y a través del cual llegamos a conectar con nosotros mismos y con otras personas. La energía de este chakra está impregnada de amor; cuando pensamos, expresamos y actuamos con compasión y amor, nos sanamos y expandimos, tanto a nosotros como a los demás.

1. Cuarzo rosa
La piedra definitiva para el chakra del corazón, que abarca el amor en todas sus formas. El cuarzo rosa equilibra las frecuencias centradas en el corazón, atrayendo e inspirando compasión y amor propio.

2. Ópalo rosa
Piedra de sanación emocional y paz, el ópalo rosa apacigua el corazón, mitiga la soledad y ayuda a recobrarse de un desengaño amoroso.

3. Aventurina verde
La aventurina verde se considera una de las piedras más afortunadas. Atrae la abundancia y la prosperidad y fortalece la salud física y la vitalidad de seres humanos, animales y plantas.

4. Crisoprasa
La crisoprasa conecta con la energía de renovación de la naturaleza, y se asocia con nuevos inicios, regeneración, alegría, desarrollo emocional y la capacidad de perdonar.

5. Calcita mangano
Un cristal de empatía, compasión y límites amorosos, la calcita mangano ofrece una sanación profunda del corazón y favorece la conexión, la plenitud emocional y la recuperación de una pena.

CHAKRA DE LA GARGANTA
Vishuddha
Ubicación: garganta
Color: azul
Mantra: Yo hablo

Situado entre los chakras del corazón y del tercer ojo, es a través de la garganta que expresamos nuestros pensamientos y transmitimos nuestras emociones. Es el centro encargado de la comunicación, el habla y la música, y nos permite influir sobre el tejido energético del mundo expresando plenamente nuestro ser más verdadero.

1. Aguamarina
La aguamarina fomenta la comunicación clara y provechosa, apacigua los ánimos y calma los altibajos emocionales, ayudándonos a fluir adecuadamente con la vida.

2. Amazonita
Un cristal de armonía y valor, la amazonita facilita la manifestación de la verdad interior, la comunicación sincera y de corazón, y la capacidad de escuchar cuando otros comparten con nosotros su verdad.

3. Turquesa
Una piedra estabilizadora y protectora, la turquesa fomenta el compartir y recibir conocimiento, así como la expansión espiritual y emocional a través de la comunicación.

4. Crisocola
Compasiva y creativa, la crisocola ayuda a la expresión y comunicación de emociones a través de la música, los relatos, la poesía, el movimiento y el arte.

5. Larimar
Sereno y al mismo tiempo transformador, el larimar despeja los bloqueos del chakra de la garganta y nos ayuda a informar a los demás con eficacia sobre nuestras necesidades y límites.

CHAKRA DEL TERCER OJO
Ajna
Ubicación: glándula pineal, entre los ojos y por encima de ellos
Color: índigo/violeta
Mantra: Yo veo

Conocido también como chakra del entrecejo, es la sede dualista del análisis y la intuición, del pensamiento consciente y de la percepción inconsciente. Es el centro de la autoconciencia. A través de la mente pensamos, procesamos, recordamos y planificamos, pero es con nuestro «ojo interior» que nos hacemos conscientes del mundo energético que está más allá del físico.

1. Amatista
La amatista es una piedra calmante, purificadora y protectora, que fomenta la autoconciencia y facilita abandonar hábitos y patrones nocivos que obstaculizan el camino del crecimiento espiritual.

2. Labradorita
La labradorita despierta nuestros dones espirituales innatos y atrae sincronicidades, aumentando la conciencia de la magia cotidiana.

3. Iolita
La iolita (o cordierita) refuerza la intuición y facilita el acceso a los reinos espirituales. Ayuda en los viajes espirituales y chamánicos, la proyección astral y la regresión a vidas pasadas.

4. Azurita
La azurita estimula tanto la parte espiritual como pragmática de la mente, da profundidad a las prácticas intuitivas y equilibra a las personas con sabiduría intelectual.

5. Fluorita
La fluorita fomenta tanto la intuición como la claridad mental, despeja la confusión mental y ayuda con el pensamiento analítico, la toma de decisiones y la retención de memoria.

CHAKRA CORONA
Sahasrara
Ubicación: coronilla
Color: violeta/blanco/transparente
Mantra: Yo sé/Yo comprendo

El séptimo de los chakras corporales, es el centro de la conciencia superior, la espiritualidad y la iluminación, a través del cual la energía de la fuente fluye hacia nuestro vehículo físico. Tanto si meditamos, soñamos o conectamos con guías, el chakra corona es donde encontramos la objetividad y experimentamos la sensación interior de conocer.

1. Cuarzo transparente
Denominado cristal maestro, el cuarzo transparente contiene información y amplifica la energía, incluyendo la de las intenciones programadas o incluso la de otros cristales.

2. Piedra lunar
Una piedra protectora de la intuición, la percepción y la magia, la piedra lunar, en cualquiera de sus tonalidades, favorece también el trabajo con los sueños, el descubrimiento de uno mismo y el contacto con nuestra diosa interior.

3. Selenita
La selenita es purificadora, limpia los bloqueos energéticos y los residuos áuricos. La selenita plateada favorece el paso de la energía lumínica a nuestro cuerpo y entorno.

4. Apofilita
La apofilita ayuda a meditar, eleva la vibración de nuestro cuerpo energético, facilita la conexión con los guías, ángeles y otras dimensiones.

5. Howlita
Una piedra que calma y alivia, la howlita apacigua los pensamientos desbocados y las emociones turbulentas, y ofrece un espacio donde simplemente poder respirar y descansar.

CHAKRA ESTRELLA DEL ALMA

Vyapini

Ubicación: 7,5-30 cm por encima de la cabeza

Color: transparente/blanco

Mantra: Yo trasciendo

El chakra estrella del alma sirve como enlace entre nosotros y la conciencia universal. Representa el portal a lo divino y nuestra conexión con el yo superior. Es el centro de la trascendencia más allá de esta vida, y nos permite conectar con la sabiduría profunda que siempre llevamos con nosotros en el nivel del alma.

1. Diamante de Herkimer

Una de las variedades de cuarzo de vibración más elevada, el purificador diamante de Herkimer amplifica la energía divina de alta frecuencia y ayuda con las visiones, la ascensión rápida y la sanación espiritual.

2. Astrofilita

La astrofilita nos ayuda a alinearnos con nuestro verdadero camino y a recordar el propósito para esta vida. Es una buena ayuda durante el viaje astral y para personificar el yo superior.

5

2

3

4

1

Chakra de la garganta

5

2

3

4

1

Chakra del plexo solar

5

4

1

3

5

2

Chakra raíz

3

1

2

5

4

Chakra del corazón

2

5

4

3

4

1

Chakra corona

2

1

2

Chakra estrella del alma

5

5

1

2

4

3

Chakra del tercer ojo

3

2

5

4

1

Chakra sacro

1

2

2

Chakra estrella de la tierra

CRISTALES DE LOS SIGNOS ZODIACALES

Una de las preguntas que me hacen con mayor frecuencia en mi tienda es: «¿Qué cristal es bueno para el signo de...?».

Hoy día casi todo el mundo sabe algo de astrología. Las aplicaciones de citas en línea nos piden nuestro signo zodiacal, y consultar los horóscopos y los tránsitos es algo que se hace comúnmente. Yo siempre les recuerdo a mis clientes, cuando me formulan esa pregunta, que somos más que nuestro signo solar. No se limite. Tenemos una carta astral completa y hermosa, llena de planetas, nodos y mucho más, y cada uno de ellos contribuye a hacernos quienes somos. Los cristales son una forma energética y también física de reforzar o equilibrar los atributos de cualquier signo de nuestro horóscopo, así como un método sencillo pero significativo de sintonizar con las energías de esos meses concretos del año y aprovecharlas. Los cristales que menciono a continuación no son ni mucho menos un listado exhaustivo, pero cada uno de ellos posee propiedades metafísicas que concuerdan con la fuerza y las características de los doce signos zodiacales.

◄ Aunque es fácil saber su signo solar por el día del cumpleaños, la carta natal completa revela las posiciones de todos los planetas que componen el mapa celeste del momento en que usted nació.

ARIES
21 de marzo-19 de abril

Asociaciones: valiente, apasionado, independiente, voluntarioso, impaciente

Jaspe rojo
El jaspe rojo canaliza la energía de vitalidad física del signo de Aries, así como la pasión y la determinación para seguir adelante en pos de sus deseos.

Pirita
La pirita fortalece el fuego iniciador de Aries, la chispa que se puede convertir en llama mediante la fuerza de voluntad y el impulso. La pirita disuelve inseguridades, aumenta la confianza y confiere el valor necesario para pasar a la acción.

TAURO
20 de abril-20 de mayo

Asociaciones: trabajador, estable, próspero, epicúreo, obstinado

Peridoto
El peridoto expresa por completo el espíritu de Tauro de una vida disfrutada y vivida plenamente. Representa la gozosa abundancia que llega al cosechar la recompensa por nuestros esfuerzos. El peridoto emite la vibración de gratitud, satisfacción y generosidad.

Aventurina verde
La aventurina verde es un cristal de energía terrenal que conecta con la inclinación natural de Tauro de atraer la prosperidad y el bienestar.

GÉMINIS
21 de mayo-20 de junio

Asociaciones: adaptable, ingenioso, sociable, curioso, voluble

Sodalita
La sodalita ejemplifica la aptitud natural de Géminis del ingenio intelectual, la curiosidad, la escritura influyente y la conversación sociable, además de estabilizar la naturaleza a veces voluble del signo.

Ágata de encaje azul
Asociada con la habilidad de Géminis de una comunicación atenta, precisa y articulada, el ágata de encaje azul es un cristal que sugiere espaciosidad y es una presencia tranquilizadora para que los despreocupados gemelos equilibren su constante necesidad de libertad e incentivación.

CÁNCER
21 de junio-22 de julio

Asociaciones: solícito, intuitivo, atento, expresivo, inseguro

Amonita opalizada
La antigua amonita que contiene agua ayuda a Cáncer con su deseo de crear un hogar seguro, donde le cuiden y le amen. La amonita representa también vivir en el momento presente y ayuda a que Cáncer suelte las preocupaciones del pasado y avance resueltamente hacia el futuro.

Piedra lunar
Regido por la Luna, la asociación del signo de Cáncer con la piedra lunar es obvia. De naturaleza protectora, nocturna y femenina, amplifica la intuición del signo, la inteligencia emocional y el espíritu de cuidar y nutrir.

LEO
23 de julio-22 de agosto

Asociaciones: regio, generoso, juguetón, cálido, orgulloso

Ojo de tigre
El ojo de tigre refuerza el poder innato y la fuerza de Leo, al tiempo que atempera el orgullo del signo con la perspectiva. Ofrece claridad y discernimiento y favorece la toma de decisiones correctas que no solo benefician a uno mismo sino a todos.

Heliolita
La heliolita irradia la calidez benevolente del Sol, el regente de Leo, y personifica los atributos de alegría, majestuosidad y liderazgo que se suelen asociar con el signo.

VIRGO
23 de agosto-22 de setiembre

Asociaciones: organizado, práctico, cariñoso, trabajador, crítico

Ágata flor
El ágata flor tipifica la naturaleza floreciente del signo de tierra Virgo, cuando las energías del amor y el quehacer se encuentran. Práctica pero optimista, el ágata flor sustenta la necesidad de Virgo de plantar semillas y ver como crecen sin juzgar.

Zafiro azul
El zafiro azul resume el talento natural de Virgo por el pensamiento analítico y la razón crítica. Una piedra de integridad, el zafiro azul conecta con la bondad, la honestidad y la escrupulosidad por las que Virgo es conocido.

LIBRA
23 de setiembre-22 de octubre

Asociaciones: diplomático, justo, complaciente, colaborador, indeciso

Topacio azul
El topacio azul emana energía de equilibrio y conecta con la habilidad de Libra para el diálogo diplomático, la cooperación, el ver otros puntos de vista además del propio, y el establecer conexiones. Mitiga el temperamento reactivo, fomenta la claridad mental y una mentalidad sabia y justa.

Cianita azul
La cianita azul es un cristal sereno de conexión, que acentúa los dones del signo como la armonía, la comunicación y la cooperación, además de animar a este signo, que tiende a evitar el conflicto, a expresar más fácilmente su propia verdad.

ESCORPIO
23 de octubre-21 de noviembre

Asociaciones: magnético, resiliente, sensible, apasionado, centrado

Obsidiana
Formada de vidrio volcárico, la obsidiana negra es una piedra de protección, claridad y magia. Aunque puede ser tan afilada como el aguijón de un escorpión, la obsidiana refuerza los poderes de percepción y concienciación del signo, al tiempo que aleja aquello que hace sentir inseguro a Escorpio.

Rodocrosita
La rodocrosita, un cristal para el amor propio y la sanación emocional, ejemplifica el valor innato de Escorpio para sentir intensamente, incluso después de ser herido o mal comprendido; amplifica la considerable resiliencia de este signo.

SAGITARIO
22 de noviembre-21 de diciembre

Asociaciones: aventurero, filosófico, conocedor, independiente, franco

Lapislázuli
Asociado con Júpiter, el planeta regente del signo del arquero, el lapislázuli es una piedra de liderazgo y conexión divina. Ayuda con el viaje interior del que Sagitario disfruta, y enseña a discernir la mejor manera de comunicar el conocimiento que uno tiene para compartir.

Labradorita
La centelleante labradorita evoca el propósito interior de Sagitario. Una piedra de alquimia oculta, la labradorita irisada nos invita a encontrar el significado oculto de la vida, atrae sincronicidades y revela el misterio y la magia de la vida cotidiana.

CAPRICORNIO
22 de diciembre-19 de enero

Asociaciones: ambicioso, autosuficiente, prudente, disciplinado, tenaz

Ónice negro
El ónice negro arraiga y apoya al paciente y siempre tenaz Capricornio. Ejemplifica la fuerza interior, la resiliencia y la determinación de este ambicioso signo de tierra.

Broncita
Una piedra de estabilidad interior, la broncita apoya la capacidad del signo de sortear situaciones difíciles y complicadas con confianza y disciplina. Una piedra de prudencia e inventiva, la broncita mitiga la tendencia de Capricornio a ser condescendiente y en lugar de ello reconoce el valor que todos aportan al grupo.

ACUARIO
20 de enero-18 de febrero

Asociaciones: progresista, individualista, idealista, humanitario, inteligente

Amatista
La amatista clarifica y equilibra la naturaleza dual de Acuario, su lado individualista y humanitario, mediante la autoconciencia. Aceptando la totalidad de uno mismo y centrándose en el trabajo interior -el microcosmos- uno produce ondas que afectan al macrocosmos del mundo entero, contribuyendo a la evolución de la humanidad.

Turquesa
TLa turquesa realza las cualidades de conocimiento, comunicación, expansión espiritual y la totalidad del ser y del colectivo humano que son las características del progresista signo de Acuario.

PISCIS
19 de febrero-20 de marzo

Asociaciones: soñador, espiritual, empático, imaginativo, emocional

Larimar
El larimar es una piedra del elemento agua y de energía femenina que, como el signo de Piscis, es conocida por la sabiduría emocional que contiene. Un cristal pacificador, el larimar ayuda a la exploración espiritual, a la autoexpresión y a la comunicación sincera.

Aguamarina
Nombrada por el mar, la aguamarina permite que Piscis nade con seguridad por el ir y venir de sus corrientes emocionales, sin extraviarse. La aguamarina ayuda al sensible pez a autorregularse y a comunicarse de forma más directa, sin perder su natural empatía o compasión.

▶ El ágata flor es una piedra de sustento para cualquier signo de tierra, pero es especialmente propicia para Virgo.

CRISTALES PARA EL AMOR

Es humano anhelar amor. Las etapas de la vida se definen por ello: el amor de los padres, la aceptación de los amigos, el amor romántico y la confianza de aquellos que queremos. Es mediante el amor propio que sanamos y crecemos. Estas piedras son aliados amables que nos apoyan, recordándonos que el amor verdadero es la base de todo.

Cuando voy por el mundo con el corazón abierto, el amor me rodea dondequiera que voy.

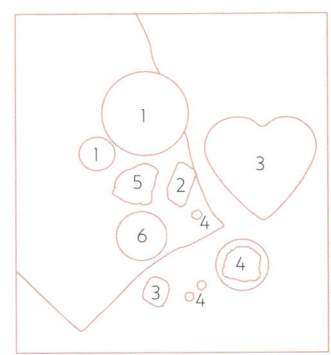

1. CUARZO ROSA

Nada resume mejor la energía concentrada del amor que el cuarzo rosa. Mantenga este cristal cerca para fortalecer las frecuencias de su corazón, para que sentir compasión por otros le resulte un poco más fácil, y como talismán para atraer más amor hacia su vida, o como sistema de apoyo cristalino cuando tiene dificultades para quererse y aceptarse plenamente.

2. KUNZITA

La kunzita es el cristal de la maternidad divina. Para aquellos que han tenido un hijo, la kunzita ayuda a forjar la conexión entre el niño y el padre y la madre, alivia las dificultades postparto y facilita la transición de ser uno o dos a ser una familia. Para aquellos de nosotros que en nuestros años formativos no recibimos todo el amor que un niño necesita, la kunzita puede mitigar y contribuir a la sanación de esas heridas profundas y liberar los bloqueos que hemos erigido para proteger nuestros corazones, para poder dar y recibir amor con total plenitud como adultos.

3. CALCITA MANGANO

Un cristal de límites compasivos y amorosos, la calcita mangano nos enseña a amarnos a nosotros mismos y a los demás de una forma saludable. Nos recuerda que la caridad bien entendida empieza por uno mismo, ya que solo si nos amamos podemos amar a otros. Esta delicada y tranquila calcita rosada es un buen apoyo para los cuidadores, sanadores o las personas que se están recuperando de una aflicción; nos ayuda a encontrar la alegría que nutre y nos estimula, a conectar de forma empática y a mantener los límites que por sí mismos son un acto de amor.

4. MORGANITA

Esta variedad rosa de berilo personifica el amor divino y la conexión con la frecuencia amorosa de la fuente universal. Cuando sentimos miedo, estamos heridos o afligidos, la morganita nos invita a retirarnos, a no juzgar, a mirar más allá de las palabras y los actos de otros, y a ver lo divino en el interior de todos nosotros. Todos somos uno, estamos conectados y creamos esta vida juntos. La morganita nos pide que confiemos y que recordemos que el universo nos ama incondicionalmente.

5. TURMALINA ROSA

La turmalina rosa se asocia con el chakra del corazón y contiene la frecuencia de la amabilidad, la seguridad, el amor y la felicidad. Sana y equilibra el cuerpo emocional, y nos permite soltar nuestra necesidad de aferrarnos a heridas del pasado como una forma de protección. La turmalina rosa nos pide que dejemos ir, que seamos vulnerables, abriendo el corazón de nuevo a las posibilidades de la vida, y que nos maravillemos cuando el amor fluye de nuevo hacia nosotros.

6. EUDIALITA

La eudialita es una piedra para el amor propio, que nos anima a ir hacia nuestro interior para encontrar el aprecio, la aceptación y certeza que buscamos, y para que sigamos con valentía a nuestro corazón y nos guiemos por el amor en cada decisión que tomemos. La eudialita disuelve el temor, la duda acerca de nosotros mismos y la confusión, y nos anima a respetarnos, a nosotros y a nuestras aspiraciones, más allá de lo que dicta la sociedad y del concepto de que solamente valemos algo si alguien nos quiere. La eudialita nos indica que por el mero hecho de estar vivos ya somos dignos de todos nuestros sueños, y que nuestra relación más importante es siempre la que tenemos con nosotros mismos.

CRISTALES PARA LA ABUNDANCIA Y LA PROSPERIDAD

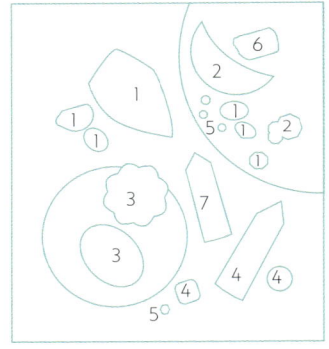

Tanto si imaginamos una gran riqueza como si solo deseamos satisfacer las necesidades de nuestra familia, todos deseamos abundancia para poder disfrutar de una buena vida. Los cristales que indico aquí atraen la abundancia mostrándonos que la prosperidad está en todas partes y que somos dignos de todo aquello que verdaderamente deseamos.

Soy digno de mis sueños. Crear conjuntamente con el universo me trae abundancia.

1. CITRINO
La ley de la atracción afirma que el universo nos encuentra exactamente allí donde estamos. El citrino atrae la abundancia a nuestra vida recordándonos lo mucho que valemos. Cuando nos valoramos como seres divinos, merecedores de ayuda y de toda la abundancia que somos capaces de imaginar, el universo responde del mismo modo.

2. PIRITA
La pirita se asocia con el fuego interior de nuestra voluntad. Nos anima a tomar esas decisiones y a pasar a la acción. La pirita nos muestra como, pasando a la acción, somos capaces de cambiar el mundo que nos rodea por uno de plenitud y estabilidad económica.

3. JADE VERDE
El jade verde ha significado tradicionalmente, durante milenios, la buena suerte, abundancia, riqueza, salud y fertilidad, así como la alegría y armonía en los negocios, amistades y familia. Tanto si es una abundancia de vitalidad y salud como de dinero o buena suerte, el jade verde estimula el continuo flujo de energía hacia nuestras vidas.

4. AVENTURINA VERDE
Considerado el más afortunado de los cristales, la aventurina verde es una piedra de jubilosa prosperidad. En un nivel más profundo, esta piedra atiende a la renovación continua y a la exaltación ilimitada de la naturaleza, confiriendo optimismo, sanación y vitalidad a nuestro día y recordándonos todas las maneras en que ya poseemos abundancia.

5. PERIDOTO
El peridoto personifica la esencia de los primeros días del verano: días soleados, el canto de los pájaros y el estallido de la verde vegetación. Su energía de prosperidad, incremento y una facilidad llena de alegría inspira gratitud y generosidad, alejando la mentalidad de escasez. El peridoto nos recuerda que dar y recibir son dos mitades necesarias de la misma unidad de abundancia. Adquirir riqueza no significa robársela a nadie; cuando nos permitimos estar totalmente abiertos a todas las posibilidades de la vida, hay suficiente para todos.

6. TOPACIO DORADO
Cuando nuestra voluntad sintoniza con la del universo, no hay nada que no podamos manifestar por nosotros mismos. El topacio dorado, conocido también como topacio imperial, nos ayuda a discernir qué objetivos y deseos son para nuestro mayor bien. Una vez lo tenemos claro, el topaz dorado nos muestra cómo utilizar una combinación de intención bien enfocada y una acción con propósito para manifestar la vida de nuestros sueños.

7. ÁGATA MUSGOSA
Aunque muchos desean una abundancia inmediata, el ágata musgosa nos recuerda que en la naturaleza el crecimiento más duradero suele ser progresivo. El ágata musgosa es una piedra de equilibrio y estabilidad que nos anima a sembrar semillas para el futuro, más que optar por una gratificación inmediata; es un cristal excelente para nuevas inversiones o negocios que se espera que crezcan con el tiempo.

CRISTALES PARA LA SEGURIDAD Y LA PROTECCIÓN

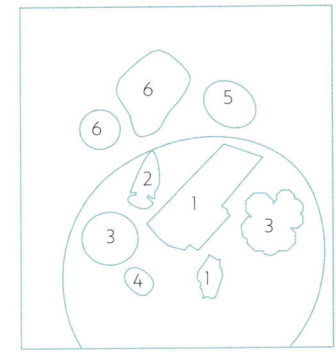

La necesidad de seguridad es el más básico, universal y primario de los instintos. Sin seguridad no hay base sobre la cual poder soñar, desear y crear. Sentirse a salvo, seguro y protegido significa que podemos pasar de simplemente sobrevivir a tomar decisiones conscientes para prosperar.

Me siento seguro soltando mis temores. Es seguro para mí estar aquí, y es seguro ser yo mismo.

1. TURMALINA NEGRA

La piedra definitiva para la protección, la turmalina negra protege contra las energías destructivas o inseguras y las neutraliza, ya sean mentales, emocionales, espirituales o físicas. Úsela en las esquinas de su casa, guárdela en su mesa de trabajo o llévela encima todo el día para que le proteja de situaciones difíciles.

2. OBSIDIANA NEGRA

Formada de vidrio volcánico, la obsidiana negra se ha empleado durante 700 000 años como herramienta, arma, espejos y objetos chamánicos rituales por todas las culturas que tuvieran acceso a la misma. Protectora psíquica y energética, esta afilada piedra elimina los cordones energéticos dañiños, los apegos y los enganches, destierra la energía oscura de los espacios e ilumina las fuentes de obstrucción en nuestro interior. No es una piedra fácil, así que asegúrese de estar listo para que se le revele su verdad interior. Utilice obsidiana dorada o con brillos para una energía menos intensa.

3. CUARZO AHUMADO

El cuarzo ahumado es una piedra protectora suave (la recomiendo para personas empáticas y niños). A diferencia de la turmalina negra, que bloquea, o de la obsidiana negra, que destruye o devuelve a su origen las frecuencias nocivas, el cuarzo ahumado crea un escudo energético y envía las energías que no deben estar allí de vuelta a la Tierra para ser transmutadas. Póngaselo en el bolsillo o llévelo encima para que le proteja con suavidad, téngalo al lado de la cama para que absorba las pesadillas o utilícelo en la casa para crear un espacio seguro.

4. AZABACHE

El azabache, como muchos de sus parientes con base de carbono, es un purificador energético natural, popular desde la época romana hasta la victoriana como amuleto protector contra las malas intenciones, el peligro físico y los espíritus malévolos. El azabache arraiga, estabiliza y es práctico; nos ayuda a diferenciar entre lo que podría realmente perjudicarnos y lo que es solo nuestra imaginación. El azabache es un potente neutralizador y extrae la ponzoña de las vibraciones más densas de objetos, espacios o nuestro propio interior, arraigándonos y limpiando la energía hasta que recuperamos el equilibrio.

5. STICHTITA

Esta piedra violeta es una protectora espiritual que nos ayuda a conectar con los ángeles, guías y guardianes que siempre están presentes y disponibles para nosotros. Emocionalmente, la stichtita evita que nos engañen o nos atraigan hacia los problemas de otra persona o hacia su campo energético denso. La stichtita nos aconseja mantener el corazón y la mente abierta, pero nos dice que la compasión solo es posible mediante un desapego afectuoso. Por encima de todo, la stichtita nos recuerda que, pase lo que pase, somos seres resilientes que estamos protegidos divinamente.

6. MALAQUITA

Una de las pocas piedras del chakra del corazón de energía masculina, la malaquita protege estabilizando el campo energético del corazón. Se sabe que el campo eléctrico del corazón es unas 60 veces más amplio que el del cerebro, y la malaquita, compuesta por cobre amplificador, es una protección que sana, refuerza y por tanto expande esta frecuencia masiva, creando a nuestro alrededor un escudo energético. La malaquita nos enseña a defender nuestra propia seguridad, a cambiar o a abandonar la situación que nos perjudica, y a dar los pasos necesarios para poder vivir según los dictados de nuestro corazón.

CRISTALES PARA ALIVIAR EL ESTRÉS Y LA ANSIEDAD

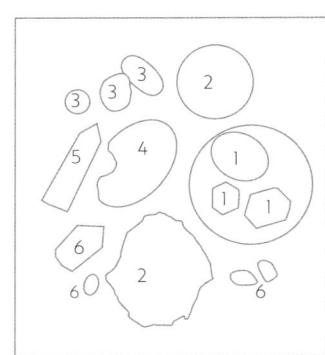

El estrés y la ansiedad se han hecho omnipresentes, por lo que regular el sistema nervioso es primordial para nuestro bienestar. Estos cristales complementan la meditación, la danza, las respiraciones profundas, incluso los abrazos, para poder cambiar de un estado simpático (huir o luchar) a otro parasimpático (descanso e integración).

Libero la ansiedad y acojo la paz en mi interior.

1. AMATISTA

Cristal de protección, purificación y tranquilidad, desde la antigua Grecia la amatista se ha asociado con reducir la influencia que los hábitos nocivos tienen sobre nosotros. Todos desarrollamos hábitos para regularnos y sentirnos seguros, pero a menudo acaban por no ayudarnos o incluso son destructivos. La amatista nos pide que soltemos lo que ya no nos sirve y que confiemos. Nos alivia y nos ayuda a pasar con mayor facilidad y gracia por la incomodidad del cambio, el crecimiento y la expansión.

2. LEPIDOLITA

Esta mica de tono violeta a rosa es una de las piedras que más apoyo nos da cuando pasamos por épocas de estrés o depresión. Al contener litio natural, la lepidolita equilibra nuestro estado mental y emocional, alivia el insomnio y aleja las pesadillas, y mitiga la ansiedad y la preocupación. La lepidolita está especialmente sintonizada con el nervio vago, por lo que nos ayuda a cambiar de un estado de alerta exagerado a una conciencia serena.

3. ÁGATA DE ENCAJE AZUL

Una piedra del chakra de la garganta que calma y centra, el ágata de encaje azul nos anima a no dejarnos silenciar por las ansiedades que llevamos encima. Esta variedad de ágata irradia una energía serena que suaviza los picos emocionales extremos y nos ayuda a reconocer cuál es la causa de nuestro estrés. Al reforzar la capacidad de comunicar nuestras necesidades de forma sana y eficaz, el ágata de encaje azul nos pide que respiremos hondo y hagamos uso de nuestra voz para crear una realidad más serena para nosotros.

4. CELESTITA

La celestita impregna suavemente los espacios de serenidad, purifica y sosiega elevando la frecuencia de nuestro campo vibratorio. A menudo asociada con la comunicación angélica, la celestita nos recuerda que por más abrumados que nos sintamos, no estamos solos. Nos enseña a conectar con nuestra guía divina para que nos preste apoyo. Es una piedra maravillosa para los niños, porque su dulce y tranquilizadora energía favorece el sueño reparador y los sueños agradables.

5. HOWLITA

Cuando resulta imposible calmar nuestros pensamientos, la howlita nos sirve para sosegar una mente hiperactiva. Paciente y tranquilizadora, la howlita nos ayuda a reconocer cuando nuestras respuestas emocionales son adecuadas o simplemente reactivas, y ofrece una perspectiva más amplia de la situación en la que nos encontramos. La howlita nos anima a centrarnos de nuevo en la verdad del momento presente y a soltar cualquier patrón mental de ansiedad que nos mantiene despiertos por la noche y nos distrae de vivir plenamente durante el día.

6. CUARZO CON LITIO

El cuarzo con litio es un cristal que centra. Al ayudarnos a sintonizar con nuestro yo superior y a transferir nuestra atención de lo que está fuera a nuestro interior, el cuarzo con litio ayuda a soltar los apegos negativos, el estrés y el temor, y abre un espacio para la paz y la armonía, tanto para nosotros como nuestras relaciones.

CRISTALES PARA LA MEMORIA Y LA CONCENTRACIÓN MENTAL

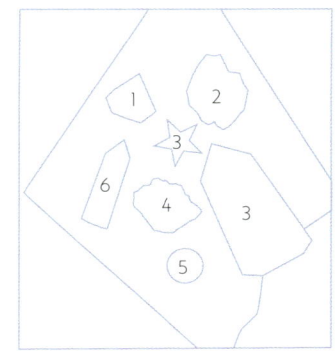

En una era en la que podemos acceder fácilmente a la información global, necesitamos recordar cómo pensar, discernir, enfocar y retener lo que es importante. Estas piedras se asocian con el tercer ojo, así que utilícelas cuando necesite claridad de percepción o ayuda para centrarse y reforzar la memoria.

Yo dirijo donde van mis pensamientos y mi atención.

1. FLUORITA

La fluorita, de cualquier tonalidad, es por encima de todo un cristal para la claridad mental. Las variedades azul, violeta y transparente son especialmente útiles para conectar de nuevo con nuestra intuición y nuestra conciencia innata. En un plano menos espiritual, la fluorita es una piedra poderosa para equilibrar el tercer chakra, limpiar las telarañas mentales, mejorar nuestra capacidad de asimilar y recordar datos, analizar patrones y tomar decisiones. Meditar con una fluorita nos muestra cómo ordenar nuestros pensamientos de forma coherente para que todo sea posible.

2. CALCITA AZUL

Algunas de las revelaciones más fascinantes llegan cuando nos permitimos soñar despiertos, cuando dejamos que la mente vaya de pensamiento en pensamiento, y nos damos la libertad de ver qué podría surgir. La calcita azul es un poco soñadora, ayuda suavemente con la comprensión y el equilibrio de una mente relajada y abierta, sin perder la concentración necesaria para interpretar el conocimiento que nos llega. Aliada de los estudiantes, la calcita azul nos mantiene calmados durante el tiempo de exámenes y nos ayuda a retener información con rapidez y tranquilidad.

3. DUMORTIERITA

La energía de la dumortierita aleja la niebla, la confusión mental y el letargo del cerebro. Un mineral fibroso de color azul que se suele encontrar en las pegmatitas, cuarzo o aventurina azul (véase imagen), la habilidad de la dumortierita es estimular intelectualmente así como elevar nuestras percepciones espirituales. Defensora de la mente organizada, la dumortierita ayuda tanto en el acto de aprender como de evocar ese conocimiento en nuestra memoria. Mediante sus cualidades de inteligencia y sabiduría, la dumortierita nos recuerda que el conocimiento mental es importante, pero que este debe ser siempre atemperado por nuestra guía interior.

4. LAZULITA

La lazulita actúa en los niveles conciente, inconsciente y subconsciente de la mente para traer comprensión y concienciación sobre el pensamiento. Este cristal piramidal de un azul intenso es un buen aliado para reprogramar las creencias subconscientes y abrir nuevas vías neurales, pero sirve también para reforzar la función cerebral, la memoria y la concentración. La lazulita, catalizadora de revelaciones y conciencia trascendente, nos muestra que todas las partes de la mente, trabajando en armonía, son necesarias para llevar una vida con significado y propósito.

5. ZAFIRO AZUL

En astrología védica, el zafiro azul se asocia con el planeta Saturno, pero su correlación con el conocimiento, la concentración, la disciplina mental y el discernimiento se encuentran también en numerosas culturas más allá de la India. Cuando necesitamos ayuda para concentrarnos en tareas intelectuales, el zafiro azul aleja las distracciones. Una potente piedra para la mente, el zafiro azul nos invita a ver más allá de lo evidente, a pensar bien las cosas y a formular preguntas para encontrar la verdad del asunto antes de tomar decisiones. Esta variedad azul de corindón es un aliado protector que contrarresta las influencias adversas, la manipulación mental y los patrones de pensamiento perniciosos.

6. SODALITA

Cuando nos bullen las ideas o conceptos, pero nos cuesta asirlos, la sodalita ralentiza nuestro flujo de conciencia lo suficiente para captar esos brillantes destellos de información lúcida. Más estable y arraigada que la mayoría de los cristales del tercer ojo, la sodalita refuerza nuestra capacidad de pensar y procesa la información aparentemente dispar en un bloque integral que se puede comunicar de forma metódica. La sodalita nos ayuda a expresar nuestros pensamientos y a difundir nuestras ideas y conocimientos.

CRISTALES PARA LA COMUNICACIÓN

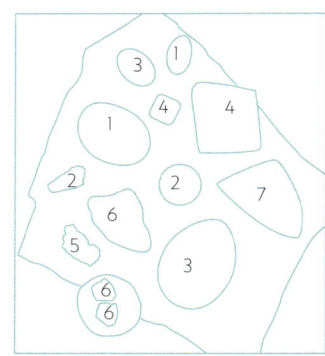

Cuando hablamos, escribimos o nos expresamos por gestos o mediante el lenguaje corporal, nos comunicamos con otras personas. Cuando rezamos o entonamos algún canto estamos hablándole a algo superior a nosotros. Estas piedras del chakra de la garganta nos ayudarán a expresarnos con autenticidad, al tiempo que permanecemos abiertos a escuchar sinceramente a los demás.

Cuando me expreso con claridad y honestidad, soy escuchado.

1. AMAZONITA

Hace falta valor para ser sincero y darse cuenta de lo que es verdadero para nosotros. Hay que ser valiente para expresar nuestra verdad a otros. Eso es lo que nos pide que hagamos la amazonita, una piedra de comunicación audaz y auténtica. Favorece las conversaciones compasivas, nos ayuda a conectar y ser escuchados, y nos invita a escuchar la verdad de otros.

2. AGUAMARINA

La aguamarina ayuda a que las palabras fluyan fácilmente. Cuando reprimimos los sentimientos, la aguamarina calma y tranquiliza, y ayuda a liberar emociones y a autorregularse mediante una comunicación clara. Disuelve los bloqueos energéticos del chakra de la garganta y permite que las palabras afloren y fluyan con la corriente. Nos enseña que la comunicación puede ser tan sanadora y dadora de vida como el agua.

3. CRISOCOLA

La amable crisocola nos ayuda a canalizar nuestras emociones y a hablar desde el corazón. Asociada con la energía divina femenina, nos enseña a liberar nuestra creatividad y a articular la riqueza de nuestra vida emocional sin invadir el espacio de otros. Hablar desde un lugar de vulnerabilidad emocional tiene mucha fuerza y la crisocola nos anima a hacerlo. Es una ayuda para los músicos, escritores, profesores u oradores públicos, que podrían beneficiarse de conectar con su verdad emocional antes de comunicarse adecuadamente con los demás.

4. LAPISLÁZULI

Una antigua piedra de faraones y diosas, el lapislázuli ejemplifica y personifica toda la sabiduría del cielo nocturno. Piedra del chakra del tercer ojo y de la garganta, estimula las capacidades mentales y psíquicas y sintoniza con la transmisión de sabiduría y verdad. Ideal para intérpretes, personas influyentes o líderes, el lapislázuli nos ayuda a comprender el impacto que podemos tener cuando nos comunicamos. Asimismo, nos advierte que eso debería estar siempre atemperado por el discernimiento: debemos ser conscientes de la responsabilidad que este impacto pueda tener y asegurarnos de que nuestras palabras no se conviertan en armas hirientes, sino que se usen para inspirar, enseñar y sanar.

5. SHATTUCKITA

Una de las mejores piedras para la conexión espiritual con nuestros guías, antepasados o ángeles custodios, la shattuckita nos ayuda a comprender sus mensajes. También despierta nuestras habilidades psíquicas innatas (*véase* pág. 140) y nos ayuda a canalizar e interpretar el tarot, las runas y otras herramientas adivinatorias. La shattuckita nos pide que confiemos en nuestra verdad interior, en nuestros guías y sus mensajes y, lo más importante, en nuestras propias palabras.

6. TURQUESA

Los mitos sobre la turquesa se remontan a miles de años atrás. Talismán de protección y valentía para los viajes o la batalla, se creía que la turquesa era un trozo de cielo caído a la Tierra, y por eso se empleaba en rituales para invocar la lluvia. De modo similar, nos puede ayudar a pedir lo que necesitamos. Hoy día, la turquesa se usa para facilitar la comunicación, ya sea con el universo, nuestro propio interior o los demás.

7. ARAGONITA AZUL

La aragonita azul nos permite escuchar nuestro corazón interior y hablar con nuestro yo espiritual. Enlaza el chakra corona con el del corazón y equilibra los centros energéticos superiores mediante la expresión del chakra de la garganta. Es perfecta para la comunicación espiritual a través de los cantos, la meditación o el trabajo con sonido, y para el diálogo filosófico, facilitando la transmisión de conceptos espirituales. Asociada con el agua (elemento de las emociones), nos ayuda a expresar sentimientos de forma armoniosa.

CRISTALES PARA LA MAGIA Y LA INTUICIÓN

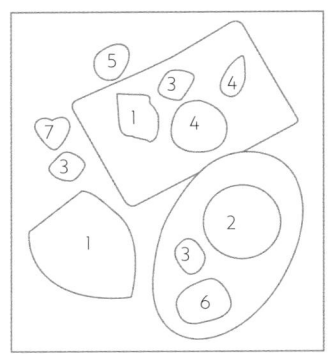

La intuición es nuestra capacidad de percibir las frecuencias sutiles de nuestro entorno, y la magia, de ponernos en disposición de influir sobre ellas. Ambas son versiones energéticas de lo que ya hacemos físicamente. Somos seres divinos capaces de influir, manifestar y crear conjuntamente una realidad, y eso es realmente mágico.

Confío en mi intuición y sintonizo con la sabiduría y la magia del universo.

1. AMATISTA

Se cree que la amatista activa la glándula pineal, la sede del chakra del tercer ojo, y fomenta la concienciación de las energías sutiles del mundo. Mitiga las emociones reactivas y los pensamientos turbulentos, y nos ayuda a liberarnos de creencias y hábitos perjudiciales. Con ello podemos centrarnos en el presente y lo que nos dice nuestra intuición, y así emprender la acción correcta. La amatista protege nuestro campo energético y refuerza nuestra conexión con lo divino y con nuestras capacidades intuitivas.

2. GABBRO ÍNDIGO (merlinita mística)

Se relaciona tanto con el chakra del tercer ojo como el de la raíz, activa la mente, ancla el cuerpo y despeja los bloqueos de nuestro campo energético para facilitar la apertura de nuestros dones psíquicos latentes. Este cristal nos pide examinar nuestro interior para ver dónde nos frenamos, qué karma hay que liberar o qué partes de nosotros mismos debemos recuperar para poder reclamar nuestros talentos mágicos.

3. PIEDRA LUNAR

Como luz de luna personificada, la piedra lunar nos enseña a fijarnos en los destellos de intuición cuando estos nos llegan. Nos pide soltar el pensamiento analítico, cerrar los ojos físicos y ver de verdad. Aceptando la sabiduría de las horas nocturnas, y reconociendo la información iluminadora en nuestro interior, la piedra lunar nos ayuda a presenciar la magia de la vida y a aceptar el lugar místico que ocupamos en ella.

4. LABRADORITA

Se la asocia con la magia, ya que esta piedra oscura centellea con colores brillantes al exponerla a la luz directa. Estos ocultos pero deslumbradores arcoíris reflejan la magia contenida en todo, incluyendo nuestro propio interior. La labradorita saca nuestros dones espirituales a la luz del día y aumenta nuestra conciencia de la energía de los objetos físicos, por lo que resulta ideal para sanadores o personas que trabajan con el cuerpo. Herramienta por excelencia para rituales mágicos o cualquier práctica adivinatoria, este cristal nos recuerda la magia de la que somos capaces.

5. IOLITA

La iolita nos habla de visiones y travesías. Una piedra para los viajes espirituales y chamánicos, actúa como brújula interior y fomenta la claridad de las visiones durante la meditación, la regresión a vidas pasadas o la proyección astral. Estimula el chakra del tercer ojo, fortalece la intuición y ayuda a acceder a los reinos espirituales y al conocimiento contenido en ellos.

6. JADE AZUL

El jade azul despeja la mente de pensamientos invasivos y crea un espacio para poder oír a nuestros guías espirituales y nuestro yo superior. Esta piedra poco común es como una maestra en tiempos de descubrimientos psíquicos, y nos ayuda a navegar por ellos con facilidad y elegancia. Cristal de conocimiento espiritual, el jade azul nos pide mantener la mente abierta y nos recuerda que las revelaciones intuitivas pueden llegar de cualquier parte: meditación, estados modificados de conciencia, sueños, debates filosóficos o incluso conversaciones mundanas.

7. MERLINITA

Es una piedra asociada con la magia de la dualidad. No podemos tener luz sin oscuridad: van siempre juntas. La merlinita rechaza la desviación espiritual y el deseo del ego de ser especial, y en lugar de ello nos invita a observar más profundamente. Un alquimista se autotransforma mientras intenta convertir el plomo en oro, pero un místico pasa décadas examinando su alma para atisbar la sabiduría de la energía sutil. La merlinita nos anima a mirar hacia el interior, para explorar, integrar y transmutar nuestro yo en la sombra. Así comprendemos cómo opera la magia y nos hacemos expertos en calibrarnos para influir sobre la energía sutil que nos rodea.

CRISTALES PARA DORMIR Y SOÑAR

Pasamos un tercio de nuestra vida durmiendo, pero la importancia de este periodo nocturno se suele ignorar. Perderse incluso unas pocas horas de sueño afecta a la capacidad del cuerpo para funcionar, y la falta de sueños poco a poco va matando de inanición al alma. Es fascinante saber que cuando dormimos nos encontramos en la situación más vulnerable y, al mismo tiempo, la más poderosa: somos capaces de viajar por el tiempo y el espacio, reescribir nuestras historias e incluso encontrarnos con guías o antepasados. En este apartado, la primera selección se centra en cristales que ayudan a relajarse y tener un sueño reparador, mientras que la segunda destaca los que son especialmente potentes para todo tipo de trabajo con los sueños. Para usar estas piedras, diga su intención en voz alta y sitúelos cerca de la cama, bajo la almohada o incluso forme una rejilla cristalina en su mesilla de noche.

*Me duermo sin esfuerzo y estoy
a salvo cuando sueño.*

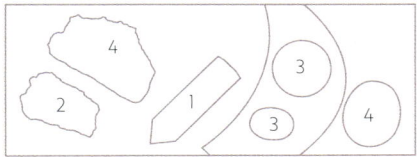

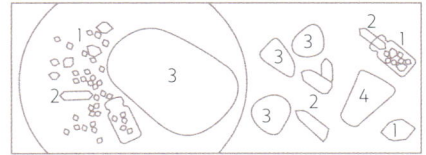

DORMIR

1. LEPIDOLITA
La tendencia natural de la lepidolita de calmar y tranquilizar la convierte en la compañera ideal para dormir. Los trastornos emocionales y los pensamientos desbocados pueden causar insomnio, o una vez dormidos y en una situación vulnerable, provocar pesadillas. La lepidolita absorbe con suavidad la ansiedad y el estrés del día que pudiera seguir allí por la noche, y calma el sistema nervioso para facilitar un sueño reparador.

2. CELESTITA
Nombrada por su conexión celestial, la celestita nos pide que confiemos en que nuestros ángeles custodios siempre velan por nuestros intereses y que durmamos con tranquilidad sabiendo que velan por nosotros. Aunque no crea en los ángeles, la energía etérea natural de la celestita aporta un aura de paz, tranquilidad y seguridad a cualquier espacio donde se sitúa, purificando las vibraciones inferiores y ayudándonos a relajar la tensión de la reactividad y la hipervigilancia, facilitando así un sueño tranquilo. Es un cristal maravilloso para los que tienden a tener peadillas, porque su dulce y tranquilizadora energía fomenta los sueños agradables.

3.SCHEELITA AZUL (ónice de encaje lapis)
Formada por bandas alternas de luminosa calcita azul y dolomita, la scheelita azul no es en realidad una scheelita, por lo que el nombre despista. Pero el nombre erróneo no disminuye

su energía de serena estabilidad. La scheelita azul es una combinación sinérgica que nos ayuda a dejar atrás la preocupación y las emociones a flor de piel, y a situarnos en el momento presente con una sensación de espaciosidad y serenidad, que resulta de mucha ayuda durante las horas oscuras de la noche. La calcita azul calma nuestros pensamientos y la dolomita sosiega nuestras emociones; ambas trabajan en armonía para profundizar nuestra conexión con el yo interior equilibrado y adormecernos al instante.

4. AMATISTA

Siempre versátil, la amatista es un cristal que se encuentra fácilmente. Es perfecto para guardarlo en un lugar de sanación para favorecer la relajación, o al lado de la cama cuando precisa ayuda para dormir. La amatista es un cristal purificador que actúa como filtro, limpiando la habitación —y por extensión nuestro propio campo áurico— de energías inarmónicas. La amatista ayuda también a soltar los hábitos indeseables que contribuyen a dormir mal. Serena protectora de la mente y el espíritu, la amatista nos protege de pesadillas innecesarias mientras dormimos y nos ayuda a hacernos más conscientes de por qué las tenemos.

SOÑAR

1. DIAMANTE DE HERKIMER

Este cuarzo poco común cobra forma de diamante cuando se desarrolla, y aunque de pequeño tamaño, es una bomba energetica. De una frecuencia extremadamente elevada, el diamante de Herkimer no solo emana su propia energía de luz pura, sino que también purifica, mantiene y amplifica nuestras intenciones en el éter, creando ondas de cambio en el reino físico. El diamante de Herkimer posee la misma potencia tanto cuando dormimos como cuando estamos despiertos, y es uno de los mejores cristales con los que trabajar para el viaje astral o el salto en el tiempo, para clarificar nuestra visión interior, conectar con otras dimensiones y reforzar todo tipo de meditación y trabajo con los sueños.

2. AMATISTA DE VERACRUZ

Una de las variedades de amatista de vibración más elevada, la de Veracruz es un cristal de pura luz espiritual. Aliada en nuestra espiral de ascensión, la amatista de Veracruz nos hace ser conscientes del momento presente e invoca la armonía entre la mente y el espíritu equilibrando los hemisferios cerebrales. Mientras dormimos, la amatista Veracruz favorece los desplazamientos intencionales en sueños y nos protege durante nuestras exploraciones inconscientes. La amatista Veracruz nos enseña a estar presentes y a ser conscientes de nuestro estado durante un sueño lúcido, invitándonos a reconocer el poder que tenemos para efectuar cambios durante ese momento tan poderoso.

3. PIEDRA LUNAR

La piedra lunar, de cualquier tonalidad, se asocia desde hace milenios con el tiempo nocturno de sueños, misterios y revelaciones. La reluciente piedra lunar nos pide buscar la luz en la oscuridad y la sabiduría en nuestra alma; que nos dejemos guiar por la intuición, porque nunca nos fallará. La piedra lunar se asocia con la diosa y nos dice que podemos soñar tranquilos porque mantendrá alejadas las pesadillas a menos que realmente las necesitemos para procesar nuestros miedos; nos abre el camino para soñar en aquello que más necesitamos para sanar, expandirnos y hacernos sabios. La piedra lunar nos ayuda después a recordar y a comprender nuestros sueños al despertar, para conservar las revelaciones obtenidas durante la noche.

4. SUGILITA

La sugilita realza la profundidad y realismo de nuestras ensoñaciones, viajes nocturnos y visiones meditativas. Activa los chakras del tercer ojo y de la coronilla, nos invita a percibir las infinitas posibilidades que tenemos a nuestro alcance cuando dormimos, y después a mantener esa perspectiva ampliada durante el estado de vigilia. La sugilita trae a la superficie los sueños y deseos enterrados en lo profundo de nuestra alma, ayudándonos a reconocer y a recordar nuestro propósito a través de los símbolos e historias que pasan por nuestro inconsciente todas las noches. Instila luz y protección, protege la mente y el cuerpo energético elevando nuestra frecuencia para situarnos a su altura, disuelve apegos nocivos y nos protege de los terrores nocturnos.

CRISTALES PARA LA CREATIVIDAD Y LA EXPRESIÓN ARTÍSTICA

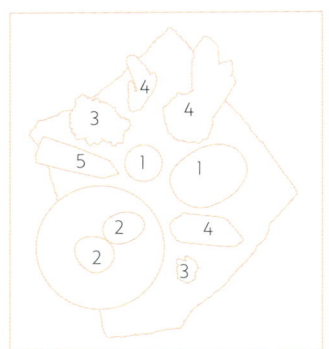

El arte tiene numerosos beneficios, entre ello, permitirnos expresar nuestros sentimientos y conectar con algo superior a nosotros. Los condicionamientos, las críticas y el rechazo pueden dificultarnos cantar, pintar, escribir, hacer manualidades o construir algo, pero estos cristales apoyan nuestros esfuerzos, independientemente del modo en que los expresemos.

Me permito estar abierto a mi flujo creativo y expresarme sin temor.

1. CORNALINA

La cornalina se usa a menudo para inflamar la pasión física o favorecer la fertilidad; es una piedra de creación, tanto en el ámbito artístico como empresarial. Las pasiones, ya sean del cuerpo o del alma, se encuentran en el chakra sacro, y esta ágata roja con bandas es la piedra definitiva para ambas. La cornalina nos enseña a aprovechar el momento presente, a encontrar placer en lo que nos inspira y a escuchar la llamada de aquello que las musas quieren que expresemos.

2. CRISOCOLA

La crisocola es un cristal de comunicación, pero también del corazón, que nos pide que profundicemos en nuestra alegría y amor, nuestra pena y dolor, y que en lugar de perdernos en ellos, canalicemos estas emociones y experiencias hacia la creación. Porque el arte que conmueve el alma no se forma con un ejercicio intelectual ni algoritmos. El arte que nos hace sentir es una onda que se forma en lo más profundo del corazón de una persona y se transmite al otro a través de la música, la danza, la pintura o la poesía. La crisocola nos muestra cómo, a través del arte, nos hacemos más humanos y a través de la expresión creativa, más completos.

3. VANADINITA

Inicio y finalización: dos de las partes más difíciles del proceso de creación. La página en blanco y el largo recorrido asustan por partes iguales, y es allí donde la vanadinita desea ayudarnos. Esta vibrante piedra roja es musa y entrenadora a la vez, abre el espacio para la inspiración, nos anima a empezar cuando nos asalta el impulso creativo, y nos da energía para llevarlo a cabo hasta el final. La vanadinita nos confiere la resistencia necesaria para mostrar al mundo nuestra novela, curso, nuevo negocio u obra de arte, plenamente formada.

4. CUARZO MANDARINA

Este cuarzo manchado de color naranja está repleto de alegría y personifica la curiosidad, la exploración y la exuberancia que aparece al hacer algo nuevo. En los adultos puede estimular la pasión sexual, aunque el cuarzo mandarina conserva una frecuencia de inocencia y carácter juguetón. Esos largos días de verano, imaginando mundos que recorrimos de niños, siguen estando en nuestro interior. El cuarzo mandarina nos anima a no dejar de jugar nunca, ni parar de imaginar historias y juegos, porque allí es donde reside la verdadera inspiración.

5. SODALITA

La sodalita, la «piedra del escritor», favorece la conversión de nuestros pensamientos, ideas y genio creativo en las palabras adecuadas para su expresión. Aumenta nuestra capacidad de observación y nos invita a sentirnos inspirados por la inmensa variedad de ingenio y sabiduría que hay en nuestro mundo. La sodalita profundiza nuestra capacidad de pensar y nos ayuda a transformar esos pensamientos en palabras para seguir influyendo sobre el mundo que nos rodea.

6. WULFENITA (sin imagen)

Una piedra alquímica catalizadora, la wulfenita pregunta «¿Qué pasaría si?»: ¿... no tuviéramos miedo? ¿... no importara lo que otros piensan? ¿...creyéramos que somos dignos de nuestro arte y que este es bueno simplemente por existir? ¿... lo que canalizamos hacia el mismo es lo que le da sentido? ¿... nos dejamos llevar por la magia de la inspiración y nos permitimos expresar la belleza de la creación? La wulfenita, que activa los chakras del plexo solar y sacro, nos muestra cómo superar los bloqueos creativos y el miedo al fracaso, nos anima a adentrarnos en terrenos artísticos desconocidos hasta que nuestro empeño ha sido manifestado.

CRISTALES PARA LA VITALIDAD Y LA SALUD

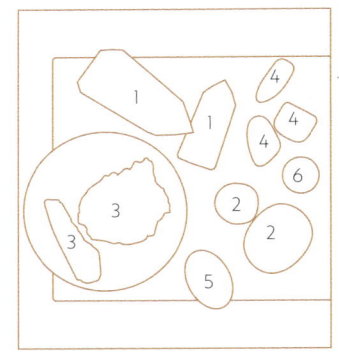

Los seres humanos han utilizado los cristales desde hace milenios por sus propiedades reparadoras. Aunque las piedras no deberían ser sustituto de la medicina moderna, las que poseen la energía adecuada facilitan la curación. Los cristales de la siguiente lista son ideales para estimular la sanación general, la vitalidad y el bienestar físico.

Cuando cuido de mi cuerpo con amor y respeto sus necesidades, este tiene espacio para sanar y prosperar.

1. CUARZO SANADOR DORADO

Se cree que el cuarzo sanador dorado es uno de los mejores cristales para cualquier tipo de sanación física. Activa los códigos de luz de nuestro interior y nos pide recordar que somos seres divinos y que en el interior de cada uno de nosotros reside el poder de sanarnos, completa y plenamente, si esto es lo más adecuado para nuestro viaje por esta vida. Esta piedra del chakra del plexo solar y de la coronilla nos muestra cómo ser nuestros propios sanadores y defensores, y nos ayuda a cambiar las creencias y conductas que nos impiden encarnar toda la vitalidad posible. Este cuarzo es un catalizador que nos capacita para actuar por nuestro bienestar y nos invita a confiar en lo que nos dice el cuerpo y lo que nuestra intuición considera que necesitamos.

2. CUARZO HEMATOIDE

Este bello cuarzo con remolinos rojos es ideal para cuando precisa equilibrio y estabilidad físico, emocional o mental. Las inclusiones de hematites favorecen nuestra capacidad de arraigo, sobre todo cuando nos sentimos disociados, dispersos, confusos o letárgicos, mientras que el cuarzo amplifica y nos ayuda a utilizar la fuerza vital natural a la que siempre tenemos acceso. El cuarzo hematoide nos ayuda a sintonizar con los ritmos naturales del cuerpo para poder prosperar físicamente.

3. CALCITA ROJA

Las calcitas poseen una energía más suave que otras piedras y la variedad roja no es diferente: atrae una corriente continua de prana a nuestro vehículo físico sin la intensidad. La calcita roja nos ayuda a apreciar nuestra experiencia como seres físicos y nos recuerda que la salud y el estar encarnados es algo que hay que explorar y disfrutar, no solo utilizarlo para ser productivos. La calcita roja ayuda al proceso de desintoxicación, mostrándonos cómo el establecer límites y hábitos saludables puede elevar nuestra vibración energética así como favorecer nuestro bienestar físico.

4. JASPE ROJO

El jaspe rojo es una piedra de estabilidad, resistencia y fuerza física. En lugar de anclar nuestra energía en las líneas ley de la Tierra, esta variedad de jaspe nos ayuda a conectar con la vitalidad de Gaia y a impregnarnos de ella a través del chakra raíz. Cuando nos sentimos cansados o agotados, el jaspe rojo nos enseña a nutrirnos para seguir adelante en nuestro recorrido. El reparador jaspe rojo purifica la energía que se ha vuelto lenta en nuestro campo áurico y sistema de chakras, ayudando a que el flujo de nuestra fuerza vital interior circule con mayor facilidad y vigor.

5. JASPE UNAKITA

La unakita entiende que nuestros problemas físicos tienen su base en el sufrimiento emocional que ha quedado integrado en el cuerpo. La unakita, paciente y segura, nos anima a sentir nuestro dolor y a examinar nuestras heridas. ¿Qué pasó en esa época? ¿Qué rabia o angustia no pudimos expresar de jóvenes? ¿Qué malos hábitos adquirimos para seguir adelante? La unakita nos muestra cómo soltar las emociones reprimidas y los patrones de dolor acumulados, sanando tanto nuestro corazón como nuestro cuerpo.

6. MOOKAITA (jaspe mook)

La mookaita es un jaspe energéticamente lento pero profundamente conmovedor que solo se encuentra en el oeste de Australia. Atenta y sabia, la mookaita nos pide que vayamos más despacio, que nos fijemos en el mundo que nos rodea y en el de nuestro interior. Nos recuerda que no debemos apresurarnos, que el tiempo es algo que fluctúa. Ahondando en una atención lenta y constante, podemos incluso reparar nuestras propias células y potencialmente retrasar el proceso de envejecimiento físico. Conectando con las líneas temporales eternas e ilimitadas de la Tierra, la mookaita nos ayuda a sanar nuestro linaje ancestral y los genes que han resultado dañados por traumas intergeneracionales, devolviéndonos la vitalidad que siempre fue nuestra.

CRISTALES PARA CONECTAR CON UNO MISMO

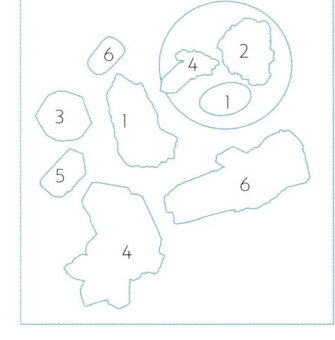

Cada uno de nosotros es un ser único y divino, pero desde que nacemos la sociedad intenta homogeneizarnos y condicionarnos. A medida que nos hacemos mayores, resulta cada vez más difícil escuchar a nuestro propio corazón, pero si ponemos atención lograremos romper el ciclo, y con la ayuda de estas poderosas piedras volveremos a ser nosotros mismos.

Respeto lo que me susurran mi cuerpo, alma y corazón, y permito que me guíen.

1. ASTROFILITA

Cuando nos sentimos perdidos, confusos o apáticos, la astrofilita, con sus inclusiones de cobre y oro, nos indica el camino. Piedra catalizadora de transformación, la astrofilita nos recuerda por qué escogimos esta vida en concreto y nos invita a recordar nuestro verdadero propósito y razón por haber nacido. Pregunta: ¿Qué nos motiva? ¿Qué nos da paz? Ayudándonos a soltar los condicionamientos y orientándonos hacia el norte magnético de nuestro sentido interno del conocimiento, la astrofilita favorece el reconocimiento del camino más adecuado para nosotros.

2. CUARZO NIRVANA

El cuarzo nirvana o «cuarzo de hielo» se encuentra en las alturas de los Himalayas, y fue adquiriendo su forma por la expansión y retracción de los glaciares a lo largo de miles de años. Es un cristal que ha experimentado lo que se siente al ser herido y desgarrado por la vida en un ciclo que parece no tener fin, aunque así es como obtuvo su sabiduría. Demuestra que para alcanzar la iluminación primero debemos aceptar nuestras experiencias como parte de nuestro camino hacia la sabiduría, y después aceptarnos y sentir compasión por nosotros mismos, con cicatrices y todo, para romper el ciclo y alcanzar el nirvana. El cuarzo nirvana nos pide que confiemos en el proceso catalizador de nuestro verdadero ser.

3. GRANATE ALMANDINO

El granate se asocia con los chakras inferiores y nos pide que recordemos que somos seres físicos y encarnados, viviendo en un mundo físico. Tanto si estamos desconectados de nuestro cuerpo por el dolor o la enfermedad, como si lo rechazamos por culpa o vergüenza, el granate nos recuerda que esas sensaciones son solo la manera de comunicarse del cuerpo, y que allí podemos encontrar sabiduría si lo escuchamos. El granate nos ayuda a ver que nuestro vehículo físico nunca quiso ser nuestro enemigo, y que puede ser un gran apoyo, tanto para albergar nuestros deseos sensuales como para conectar con nosotros mismos y sentir compasión durante épocas de dolor o enfermedad.

4. CUARZO FANTASMA CLORITA

Llamado así por las capas verdes que dibujan un fantasmal cristal en el interior del cuarzo, el fantasma clorita nos permite ver las fases de su propio crecimiento. Igual que podemos atisbar la historia del cristal, el fantasma clorita nos pide que dirijamos la mirada hacia nuestro interior y recordemos quiénes éramos, las fases por las que hemos pasado y cómo hemos crecido, cambiado y sanado. El mineral de clorita es regenerador, y combinado con la amplificación del cuarzo, ayuda a proseguir con la sanación tanto física como emocional. El fantasma clorita nos

recuerda que cuando entendemos plenamente el recorrido que hemos hecho hasta ahora, el punto donde nos encontramos y lo que sigue a continuación se vuelve mucho más claro.

5. DRAVITA (Turmalina marrón)

Si cerramos partes de nosotros mismos, nunca podremos ser completos. Cuando empezamos a abrir la puerta para enfrentarnos a nuestras sombras, nuestros desencadenantes y traumas a veces resultan abrumadores, pero la dravita nos ayudará a atravesar el proceso de integración con ternura y esperanza. La turmalina marrón nos mantiene firmes gracias a su influencia de arraigo, y nos ayuda a ver qué partes de nosotros mismos precisan aún sanación, ser llevadas a la luz y cuidadas con amor; después nos ayuda a hacerlo.

6. CIANITA AZUL

Un cristal de puentes y conexiones, la cianita azul nos enseña a conectar con otros, con nuestros guías espirituales y, con la misma potencia, con nosotros mismos. Utilizada a menudo para abrir el tercer ojo, para la meditación y la comunicación espiritual, la cianita azul contribuye a la conexión con nuestro yo superior y ayuda a juntar las partes separadas de nuestro cuerpo físico, emocional, mental y energético, para estar de nuevo integrados.

CRISTALES PARA CONECTAR CON LA TIERRA

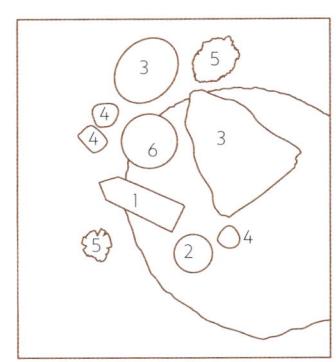

Nuestro anclaje natural con la Tierra es profundo e intuitivo, pero se ha vuelto más difícil escuchar el canto de las hojas, comunicarse con los animales, sentirse conectado con el todo, y tanto nosotros como la Tierra sufrimos por ello. Estos cristales son especialmente adecuados para conectar de nuevo con el mundo natural.

Estoy agradecido a mis fuertes y profundas raíces que permiten que la energía de la tierra circule por mi interior.

1. ÁGATA MUSGOSA/ÁGATA ÁRBOL

Estas dos piedras hermanas nos conectan con la vida que crece en el planeta y con los espíritus de la naturaleza. Nos sintonizan con la abundancia del mundo natural y nos enseñan a respetarlo. Se supone que no debemos tomar nada, sino existir en un estado de constante intercambio energético con nuestros hermanos árboles, hierba, helechos y flores. Similares a lo que su nombre describe, son energéticamente lentas y por ello nos proporcionan una estabilidad tranquila y equilibrada durante periodos de crecimiento, y nos sustentan durante el tiempo de recuperación física de una forma lenta pero constante.

2. PIEDRA DEL CHAMÁN

Se asocia con el chakra raíz y el de la estrella de la tierra, y nos ayuda a anclarnos en nuestros cuerpos y de vuelta a la tierra. Formada de tierra y hierro, la piedra del chamán tiene la frecuencia de la Tierra y adopta dos formas: una redonda y femenina y otra masculina parecida a una bellota o disco. Sostener una de cada basta para realinear la polaridad magnética del cuerpo, reorientándonos hacia la frecuencia Schumann. Trabajar con un par de piedras del chamán es algo poderoso, pero incluso una sola puede ayudar con el viaje chamánico, la recuperación del alma, el trabajo con sueños, la comunicación con los animales y la conexión con el alma de nuestro planeta.

3. MADERA PETRIFICADA

Está compuesta de antiguos árboles que se han transformado en silicatos, ópalos o piedras, una manifestación física de la intemporalidad de nuestro planeta. Siempre evolucionando, pero eterno. Cuando estamos agobiados, desorientados o incluso asustados, la madera petrificada vibra con la frecuencia constante de la paciencia, la estabilidad y la paz interior, permitiéndonos conectar con su antigua perspectiva. Nos pide que confiemos en la Madre Tierra y que no nos resistamos a nuestro crecimiento constante, instándonos a permanecer en nuestro cuerpo mientras dejamos que las raíces energéticas penetren en la tierra cuando necesitamos apoyo.

4. SERAFINITA

Variedad de clinocloro verde que personifica la resonancia de Gaia Sofía, el corazón y el alma de nuestro planeta. Es universal la antigua creencia de que la Tierra es una diosa madre que nos dio a luz a todos. La serafinita nos pide que recordemos ese vínculo, que sintamos la vibración de las palabras eternas de Gaia bajo nuestros pies y en nuestros huesos, que un día volverán a ella. Nos permite ver atisbos de lo divino en lo mundano, mostrándonos que son la misma cosa. Es una piedra de autosanación y regeneración espiritual, emocional y física, del mismo modo que Gaia se regenera de un modo u otro.

5. ARAGONITA ESTRELLA

Una de las pocas piedras del chakra de la estrella de la tierra, renueva y equilibra el centro energético bajo nuestros pies, así como el chakra raíz. Capaz de atraer frecuencias de luz elevadas y hacerlas descender por la columna de los chakras para integrarla en nuestro cuerpo físico, la aragonita estrella también atrae la frecuencia de la tierra, reforzando nuestro vínculo energético con sus líneas ley. Su propósito es doble: al anclar nuestra conexión con Gaia, nos envuelve en una red de luz constante y dinámica, pero también transferimos, por el mismo canal, la energía que Gaia necesita para sanarse. La aragonita estrella recalca la interdependencia entre todas las cosas vivientes y la Tierra, y nos anima a ser responsables de nosotros y de nuestro mundo.

6. SERPENTINA

Las serpientes siempre se han asociado con la sabiduría y la magia de la Tierra, ya que sus cuerpos conectan con la tierra y su ciclo de mudar la piel recuerda la renovación de la propia Tierra a través de las diferentes estaciones. La serpentina está imbuida de esta energía y nos ayuda a conectar con el mundo natural y los registros akáshicos, y a acceder a la sabiduría y la sanación que la propia Gaia nos ofrece. Este cristal puede desencadenar el despertar de la kundalini, así que tenga muy clara su intención al trabajar con él.

CRISTALES PARA EL DESPERTAR ESPIRITUAL

Muchas personas de la comunidad espiritual creen que nos encontramos en un periodo de transición para el colectivo, una época de despertar masivo. Estas piedras se centran en el crecimiento espiritual posible para cada uno de nosotros, sustentando nuestra práctica de meditación, autoconciencia, transformación interior y conexión con el yo superior.

Me entrego a la llamada de mi alma a despertar.

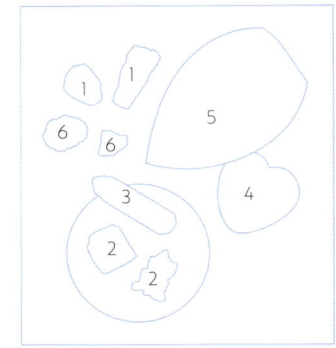

1. CAVANSITA

La cavansita es un cristal para la expansión de la conciencia y la revelación espiritual. Cuando deseamos entrar en las aguas del despertar del alma, nos anima a saltar y a sumergirnos en lo más profundo, inmersos en las maravillas que se desplegarán ante nosotros. La cavansita nos enseña que vivir con curiosidad e intención crea oportunidades para el avance espiritual con cada interacción. Vía meditación o viaje chamánico, la cavansita nos ayuda a desbloquear nuestras capacidades psíquicas y a acceder a los registros akáshicos, los míticos archivos de toda la existencia y conocimiento del universo.

2. APOFILITA TRANSPARENTE

La variedad transparente o blanca de la apofilita es un cristal de elevada vibración, delicado pero potente, bueno para elevar la frecuencia de nuestro espacio y campo energético. Uno de los mejores cristales para el trabajo de meditación, la apofilita nos ayuda a establecer conexiones con seres de dimensiones elevadas y a recibir sabiduría de nuestra alma suprema. Una piedra de luz sagrada, la apofilita nos ayuda a superar los sentimientos de desilusión, apatía o desánimo que pueden surgir a lo largo de nuestro viaje espiritual, y a sentir de nuevo el júbilo y la paz que nos envuelve cuando vivimos de acuerdo con nuestro yo superior.

3. DANBURITA

La danburita nos habla de la paz de la que podemos gozar si estamos conectados con la Fuente. Asociada con la comunicación angélica y la canalización, es una poderosa herramienta de meditación, una aliada cuando queremos desprendernos de las molestias de la vida cotidiana y concentrarnos en el gozo divino que se halla en los pequeños momentos milagrosos. Conecta los chakras del corazón, corona y estrella del alma, mostrándonos el vínculo inherente entre el amor propio y el amor divino. Esta comprensión nos ayuda a empezar a expandirnos como almas.

4. JADE VIOLETA/LAVANDA

Asociado con la diosa budista Kwan Yin, que se cree alcanzó la iluminación mediante su extraordinaria compasión, este jade nos indica cómo seguir el mismo camino. Cuando aumenta nuestra capacidad de compasión hacia nosotros mismos y las personas de nuestro entorno, entramos en un estado de mayor serenidad. Desarrollar una práctica de compasión, sin renunciar a nuestros límites, es una parte intrínseca de nuestro viaje espiritual. Saber qué es bueno para nosotros, sintiendo compasión por lo que no lo es, es señal de un alma evolucionada. Las jadeítas violeta hacen que nuestra meditación sea más profunda, ayudándonos a tener una perspectiva más amplia del mundo y de nuestro lugar en él.

5. TROLLEÍTA

La trolleíta, la «piedra del despertar», es una poderosa aliada en nuestro viaje de ascensión, que nos ayuda a sintonizar con nuestro yo superior y a ser más capaces de oír a nuestros ángeles custodios y mentores etéreos. Puede actuar de guía cristalina en nuestro viaje de autoconciencia, ayudándonos incluso a entender los acontecimientos de otras vidas que nos empujan a evolucionar en esta. Agudiza nuestra meditación y el trabajo con estados modificados de conciencia, y nos otorga el recogimiento necesario para explorar la expansividad de la vida, la Tierra y el universo, y así seguir evolucionando como almas.

6. MOLDAVITA

La más conocida de las tectitas, la moldavita es un vidrio meteórico de rápida evolución espiritual y de una vibración tan elevada que hace que nuestra propia energía intente alcanzar su misma frecuencia. Esto puede llevar a cambios inesperados en las relaciones o situaciones laborales, o a síntomas físicos mientras nuestro cuerpo intenta desintoxicarse rápidamente. Hay que tratar la moldavita con intención y respeto. Cuando estamos listos, nos ofrece la posibilidad de acelerar la transformación y la ascensión espiritual, depurando los chakras de apegos perjudiciales, incrementando las sincronicidades, despertando la conciencia y ayudándonos a ver lo que debemos ser.

CRISTALES PARA NUEVOS INICIOS Y PARA DEJAR IR

Los inicios y los finales son dos caras de la misma moneda. No podemos empezar de nuevo hasta que no soltamos lo viejo, y sin inicio no hay final. Este ciclo infinito de nacimiento, muerte y renacimiento lo vemos reflejado en las estaciones del año y en las fases de la Luna, pero lo sentimos más intensamente en nuestras vidas cotidianas. No se supone que debamos estancarnos, pero la transición entre tener un trabajo y perderlo, romper una relación y sentirse seguro para amar de nuevo, soltar los viejos condicionamientos e incluso mudarse a otra casa, puede resultar abrumadora. Estos cristales se dividen en dos grupos, pero cada uno de ellos posee la sabiduría tanto de dejar ir lo que ya no es para nosotros como para aceptar las nuevas posibilidades que la vida nos ofrece.

Libero lo que ya no es y confío en este nuevo inicio.

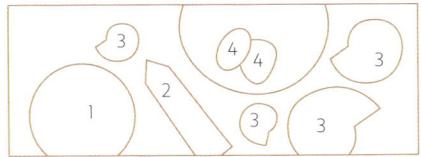

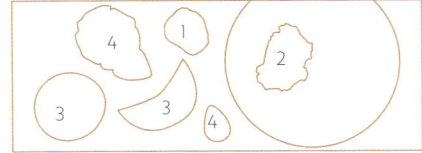

NUEVOS INICIOS

1. PIEDRA LUNAR NEGRA
Igual que la Luna crece y mengua, su energía cambia y nos afecta del mismo modo. La piedra lunar negra conecta con la magia de la luna nueva, ese vacío oscuro en que todo es posible, el tiempo tradicional para visualizar, establecer intenciones y emprender proyectos. Esta variedad oscura de la piedra lunar es una aliada perfecta para amplificar esos sueños que están germinando en nuestro interior y un buen apoyo para empezar de nuevo, recordándonos que la parte desconocida de la transición es solo temporal y que el cambio puede resultar muy natural si se lo permitimos.

2. ÁGATA FLOR
El ágata flor es una piedra recién descubierta, con bonitas plumas de calcedonia en el interior del ágata, que forman delicados pétalos y flores. Este cristal irradia una alegría que nos anima a plantar esas semillas metafóricas y a disfrutar del proceso de verlas florecer. El ágata flor es especialmente protectora con las relaciones que empiezan, nuevos proyectos o carreras, y nuestro propio desarrollo.

3. AMONITA
Esta criatura marina fosilizada resume el movimiento inherente de la espiral sagrada de la vida. Viviendo solo en la cámara más nueva y más grande de su concha a medida que se desarrolla, la amonita nos recuerda que debemos seguir adelante y no tener miedo de entrar en la nueva

vida que estamos creando. En un sentido más práctico, la amonita es un gran apoyo durante el proceso de comprar, vender o encontrar una nueva casa donde vivir.

4. CRISOPRASA

La crisoprasa nos habla de las nuevas hojas que brotan de una rama desnuda, nuevos brotes que se abren al sol, y el optimismo de la primavera. Esta compasiva piedra verde es de regeneración, sanación física y emocional, amor de corazón rebosante de alegría, y promesa de crecimiento para convertirse en algo nuevo, mejor y más hermoso. La crisoprasa nos invita a soltar los hábitos y las medidas protectoras de un largo invierno y maravillarnos porque nosotros, como la naturaleza, poseemos en nuestro interior la capacidad de empezar de nuevo en cualquier ámbito de nuestra vida.

PARA DEJAR IR

1. LÁGRIMA DE APACHE

La lágrima de apache se llama así por el mito de que se formó a partir de las lágrimas que las mujeres apache derramaron por su hijos y esposos caídos. Como esta historia sugiere, este tipo de obsidiana es la piedra por excelencia para el duelo y la pérdida. La lágrima de apache nos sostiene energéticamente y nos mantiene a salvo al tiempo que nos anima a soltar la necesidad de controlar lo que sentimos, y en lugar de ello rendirnos ante el torrente de emociones que llega tras una pérdida, contando con su apoyo.

Nos recuerda delicadamente que reprimiendo nuestro dolor y cólera solo conseguiremos que estas emociones discordantes se queden pegadas a nuestro campo áurico, impidiendo o prolongando el proceso de curación, y que las lágrimas son la forma en que nuestro cuerpo libera, física, emocional y energéticamente, el dolor de nuestro interior. La lágrima de apache nos dice que el duelo significa que hemos amado, y que este es el primer paso para la liberación.

2. DIOPTASA

La dioptasa nos habla de la sanación transformadora que llega cuando somos capaces de sentir compasión por aquellos que nos han herido. Un poderoso cristal de mejora emocional, la dioptasa nos enseña que para poder empezar de nuevo, debemos liberarnos del peso de las heridas recibidas, en esta vida y otras anteriores. Cuando nos tambaleamos después de una ruptura o somos incapaces de establecer vínculos por abusos o traumas sufridos en la infancia, la dioptasa sostiene nuestros corazones, nos susurra que debemos dejar ir, dejar ir, dejar ir la cólera que nos envenena desde el interior, dejar ir el miedo a ser amado, y dejar ir los lazos energéticos discordantes que formaron parte de nuestro camino, pero que ya no necesitan hacerlo más.

3. OBSIDIANA DE DESTELLO DORADO

La obsidiana de destello dorado es una piedra poderosa para soltar aquello que nos quita poder. Esta piedra actúa como espejo, revelando los puntos de nuestra vida donde permitimos

que otras personas o situaciones nos perjudiquen, disminuyan o controlen, y nos pide con firmeza que nos veamos tal como somos: no víctimas, sino seres divinos en un viaje de expansión. Esta variedad de obsidiana nos muestra que el dolor que pretendemos evitar a menudo sigue presente porque en realidad tenemos miedo a soltarlo. Pensamos que aferrándonos a él estaremos más seguros que enfrentándonos a lo desconocido. La obsidiana de destello dorado revela los puntos donde estamos condicionados y nos apoya a la hora de transformar esos desencadenantes y miedos en oportunidades para pasar a una vida de mayor expansión.

4. RODOCROSITA

La rodocrosita es un cristal del chakra del corazón y de introspección. Una amorosa piedra rosa, nos pide que examinemos a fondo nuestros corazones, que seamos conscientes y tengamos compasión por el odio que sentimos hacia nosotros mismos, la vergüenza o la culpa que llevamos dentro. La rodocrosita nos ayuda a reconocer lo que realmente es nuestro, lo que otros pusieron allí pero creemos que es nuestro, y los traumas de varias generaciones que nos formaron en el vientre materno y que siguen presentes en nuestras células. Nos ayuda a entender las complejidades de la sanación emocional y nos anima a perdonar y a soltar los apegos a los sentimientos e identidades que en realidad no son nuestros, creando así un espacio para poder redescubrir quienes debemos ser de verdad y las infinitas posibilidades que se abren ante nosotros.

CRISTALES PARA CONECTAR CON LOS ÁNGELES

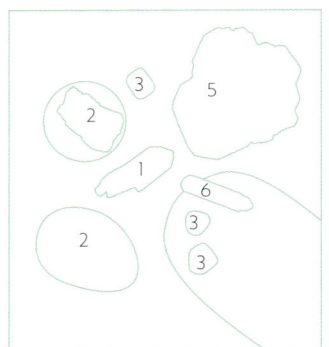

Numerosas culturas creen en intermediarios divinos, mensajeros, guardianes o ayudantes, o en el concepto abrahámico de los ángeles. Estos cristales favorecen nuestra conexión con entidades angélicas, tanto si deseamos hablar con ángeles en sueños o meditaciones, como manifestar más milagros en la vida cotidiana.

Estoy siempre conectado con los seres divinos
que me protegen y me guían.

1. CUARZO ANFIBOL

Apodado «cuarzo ángel fantasma» por las inclusiones de anfíboles en forma de plumas, este cristal está repleto de alegría y conciencia espiritual, crecimiento interior y conexión angélica. De tonalidades desde rojo oscuro y amarillas hasta plateadas y azules, los fantasmas del cuarzo nos guían hacia el interior, fomentando una comprensión más profunda de nosotros mismos a través de la meditación, y luego hacia fuera, ayudándonos a reconocer el eco de los ángeles mediante encuentros casuales y milagros «corrientes» en nuestra vida cotidiana. El cuarzo anfibol nos pide mirar más allá de lo mundano y reconocer cómo lo divino existe dentro de todos nosotros.

2. CELESTITA

Conocida también como celestina, es una piedra delicada pero de elevada vibración, nombrada por el azul del cielo y por su capacidad metafísica de facilitar la conexión con entidades celestiales, los reinos angélicos y nuestros ángeles guardianes. La celestita es una piedra serena, que nos ayuda a encontrar ese espacio de calma en nuestro interior y nos garantiza el poder dirigirnos siempre a nuestros compañeros divinos para solicitar su guía y protección. La celestita purifica los espacios físicos y nos ayuda a encontrar la serenidad necesaria para acceder a las esferas celestiales mediante la meditación y los sueños.

3. SERAFINITA

Con «plumas» tornasoladas de clinocloro y mica, de tonos verdosos y plateados, la serafinita recibe su nombre por Serafín, uno de los ángeles de las jerarquías más elevadas. Muchos ángeles se han asociado con estrellas y cuerpos celestes; la serafinita representa la esencia de Gaia Sofía, la personificación energética angélica del alma de nuestro planeta. Vinculando lo etéreo con lo material, es uno de los pocos cristales que resuena y nos conecta tanto con los reinos angélicos como terrenales, intensificando nuestra capacidad de comunicarnos con nuestros guías angélicos, animales y plantas. La protectora serafinita nos invita a aceptar el potencial de sanación y crecimiento, ya sea espiritual, emocional o físico.

4. ANGELITA (sin imagen)

La angelita es una piedra calmante de espiritualidad serena y comunicación compasiva. Nos ayuda a hablar con nuestros ángeles y guías, y mediante el acto de expresar nuestra verdad interior a esos seres que nos aman incondicionalmente, nos permitimos la vulnerabilidad necesaria para que esos mismos ángeles y guías transformen nuestro dolor en revelación, claridad y plenitud del ser. La angelita nos ayuda en momentos en que tenemos miedo o nos sentimos abrumados, calma nuestro sistema nervioso y nos recuerda que siempre estamos protegidos.

5. ELESTIAL

Aunque otras piedras de esta colección facilitan la comunicación con los ángeles, el cuarzo elestial capta la frecuencia de los reinos superiores y la canaliza hacia nuestros cuerpos físicos y etéreos, inculcando energía lumínica de elevada vibración a nuestras células. Mediante el anclaje de nuestro yo superior a nuestra vida cotidiana, este cuarzo facilita la canalización de nuestro ángel interior, que nos permite cumplir con el propósito divino hacia el prójimo. Muchos creen que es un ángel custodio en forma cristalina, y que posee la misma energía de la persona a quien sirve como guía espiritual.

6. DANBURITA

La dulce paz que emana de la danburita nos ayuda a soltar la densidad y las emociones atrapadas, despejando la mente y el corazón para poder recibir el puro resplandor divino. Una hermosa herramienta de meditación que atrae milagros, la danburita facilita la comunión con los ángeles, no solo para recibir mejor sus mensajes, sino imbuyéndonos de su luz divina. La danburita blanca favorece la exploración de los reinos angélicos a través de viajes espirituales, y la danburita rosa nos recuerda que somos dignos del amor divino que siempre está allí para nosotros y que somos capaces de personificarlo y amplificarlo para dárselo al prójimo.

CRISTALES DEL DIVINO FEMENINO Y MASCULINO

Lo divino femenino y lo sagrado masculino nunca debieron estar enfrentados; nunca se trató de que uno dominara al otro. Nuestro mundo, nuestra sociedad, parece que cada vez está más polarizada, pero es importante recordar que todos somos, independientemente del género con el que nos identifiquemos, una síntesis de estas dos energías arquetípicas. Ambas son necesarias para el equilibrio. La siguiente colección ofrece sabiduría y apoyo para encontrar la manera de honrar ese equilibrio en nuestro interior y en el colectivo.

Equilibro con facilidad las energías femeninas y masculinas en mi interior, y aprovecho su poder cuando lo necesito.

OTROS CRISTALES PARA INVOCAR EL DIVINO FEMENINO

Crisocola (5), cuarzo lemuriano (6), kunzita (7), morganita (8), cuarzo rosa (9), serafinita (10), aguamarina (11)

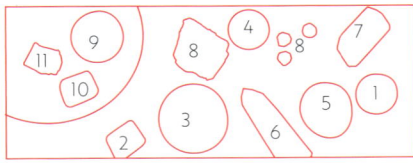

OTROS CRISTALES PARA INVOCAR EL SAGRADO MASCULINO

Topacio dorado imperial (5), jaspe rojo (6), malaquita (7), turmalina negra (8), hematites (9), ónice negro (10), broncita (11)

DIVINO FEMENINO

1. LARIMAR

Esta piedra poco común pero muy buscada se encuentra solo en la República Dominicana. Es una hermosa personificación del poder que se encuentra en la compasión y en la sensibilidad. Como el agua de la que recibe su nombre, el larimar calma el cuerpo emocional y está íntimamente vinculado a la energía de la diosa. El larimar nos indica que la situación en la que estamos puede fluctuar con la corriente, pero que el agua siempre está allí. Cuando somos conscientes de nosotros mismos, podemos soltar cosas y fluir con la vida. El larimar es también un cristal de comunicación clara y de expresión amable de nuestros límites, porque nuestro estanque debe estar lleno antes de poder derramar agua sobre otros.

2. ÓPALO ROSA

El ópalo rosa nutre y sostiene nuestro corazón cuando necesita recomponerse. Uno de los cristales más delicados, el ópalo rosa disipa el estrés del trauma, alivia la soledad y el dolor, protege a las almas sensibles y los niños y nos apoya cuando nuestro niño interior necesita cuidados. En la zona de los Andes, donde se encuentra, se cree que es un regalo de la Pachamama, la diosa inca de la Tierra, el amor y la fertilidad. Este cristal de energía divina femenina, que calma y da seguridad, nos enseña que tanto la alegría como la pena son válidas, y a aceptar las emociones del momento sin perdernos en ellas.

3. CUPRITA

Un cristal de las diosas de la Tierra, la cuprita roja estimula los chakras raíz y sacro, infundiendo vitalidad a nuestro cuerpo. Aunque muchas piedras de color rojo son de energía masculina, enfocadas hacia la acción, la cuprita encuentra su poder en su capacidad receptiva y nos ayuda a satisfacer nuestras necesidades físicas y a recuperarnos de heridas y enfermedades. La cuprita es un cristal para el despertar de la kundalini, de fertilidad física y energética, y de la diosa de vientre abultado, con poder sobre sus creaciones internas que pronto dará a conocer al mundo.

4. PIEDRA LUNAR

La piedra lunar es una de las gemas originales y más conocidas del divino femenino arquetípico. Perfectamente sintonizada con la energía lunar de la diosa, la piedra lunar nos invita a conectar con nuestra intuición y nos inicia en los misterios de la magia. La piedra lunar refleja la luz y resplandece como la Luna; es un faro de luz cuando todo parece oscuro, y guía y protectora cuando viajamos, ya sea por el mundo onírico como el físico. La piedra lunar nos invita a evocarla siempre que queramos abrazar el divino femenino que reside en nuestro interior.

DIVINO MASCULINO

1. OJO DE TIGRE

El ojo de tigre es una piedra de confianza, fuerza de voluntad, sentido práctico y acción clara, que favorece la vitalidad física y la fuerza de cuerpo y mente. El ojo de tigre nos invita a recordar que lo sagrado masculino no es una energía de estallidos egoicos, sino que es sosegada, práctica, perspicaz y decisiva, y que solo actúa después de sopesar bien las cosas, de la forma más equilibrada posible. El ojo de tigre mantiene el equilibrio mental y emocional y ayuda a soltar los patrones de masculinidad tóxica sea cual sea nuestra identidad de género.

2. PIRITA

Un cristal de manifestación y riqueza a través de la acción intencionada, la pirita nos anima a «encender la chispa» y actúa como catalizador tanto para nosotros como para las personas de nuestro entorno. La pirita es también una piedra de fuerza, estabilidad, seguridad y protección, que nos enseña que la verdadera riqueza no proviene del conflicto -de lo que tomamos- sino de lo que creamos, igual que el verdadero poder no implica perjudicar a otros, sino más bien ofrecer. La pirita nos invita a aprovechar nuestra energía interna del sagrado masculino para cambiar el mundo para mejor, y a dar apoyo, refugio y ayuda a quienes lo necesitan.

3. HELIOLITA

La piedra del divino masculino por excelencia, la heliolita es la contraparte de la piedra lunar femenina. Un alegre cristal de luz, la heliolita contiene las cualidades del poder personal y el liderazgo magnánimo. Disuelve la vergüenza, la culpa y el miedo que nos frenan, y nos anima a reclamar nuestra soberanía, a asumir nuestro espacio y mostrarle al mundo nuestra fuerza y esplendor. Pero al igual que el Sol ofrece su luz y calidez para el bien de todos, sin condiciones, la heliolita también nos pide que seamos así. Nos recuerda que liderar significa servir, y que aceptar nuestro libre albedrío implica al mismo tiempo respetar el de los demás.

4. BRONCITA

Una piedra de camaradería y hermandad, la broncita posee una energía cálida que nos recuerda que debemos vivir como individuos interconectados en el seno de una comunidad. La broncita elimina el síndrome del impostor, la indecisión y la timidez, y nos ayuda a caminar hacia nuestro propósito con confianza y a trabajar en aquello que nos da alegría, amplificando esa positividad e irradiándola hacia el mundo. Con ello atraemos a las personas con quienes mejor sintonizamos. La broncita arraiga y estabiliza, y nos enseña a equilibrar nuestros deseos con las necesidades de la comunidad, y a alinearnos con los valores de nuestro yo más auténtico.

COLECCIONAR POR TIPO

Los atributos espirituales pueden ser una forma significativa de decidir qué piedras añadir a una colección, pero históricamente los expertos en cristales buscaban especímenes basados en sus características singulares o grupo mineralógico. Muchos coleccionistas alabarán poéticamente (y defenderán con vehemencia) las turmalinas, calcitas o cuarzos como piedras superiores, mientras que otros se especializarán en meteoritos y tectitas, granates, fluoritas o incluso fósiles. En las páginas siguientes, exponemos algunas de las familias de cristales más conocidas, así como sus propiedades geológicas asociadas y las numerosas variaciones que existen. Desde calcitas que refractan la luz hasta útiles zeolitas, exploraremos el arte de coleccionar cristales por tipo para ayudarle a descubrir su piedra perfecta.

CALCITAS

La omnipresente calcita es el cristal más común de la Tierra después de la familia de los silicatos, y se encuentra prácticamente en todas partes. Nuestros antepasados valoraban la calcita pura para joyas y lentes y como herramienta de navegación marítima, mientras que las piedras ricas en calcita, como el mármol y la caliza, se empleaban como materiales de construcción en escultura y en medicina. Pero, por común que pueda parecer, la inmensa variedad de formaciones cristalinas de este mineral y su amplio espectro de colores hacen que la colección de calcitas de un amante de los cristales no sea nunca completa. En este apartado damos solo una muestra muy reducida de este atractivo carbonato.

1. CALCITA ÓPTICA

Conocida también como espato de Islandia, la calcita óptica es única por su alto grado de transparencia, que permite el paso de la luz con una mínima distorsión. Esta calcita transparente forma cristales angulares romboédricos, que a veces se tallan en forma esférica para destacar sus arcoíris interiores. Muestra una limpia refracción doble, capaz de dividir un rayo de luz en dos y crear así una imagen doble; Isaac Newton la utilizó para estudiar las ondas de luz. Los navegantes vikingos usaban espato de Islandia como herramienta para la navegación en días nublados, ya que su capacidad de refractar la luz les permitía localizar el sol. Purificadora y amplificadora, la calcita transparente es bien conocida por su capacidad de fomentar la claridad mental, la visión y la concentración.

2. CALCITA ROSA

Las calcitas de tonalidad rosada se dividen en dos categorías: la calcita fresa opaca de la imagen (México) y la calcita rosa traslúcida (Paquistán); ambas deben su color a las inclusiones de hematites, mientras que la calcita mangano (Perú, Afganistán) adquiere su tonalidad por el manganeso. Tanto la calcita fresa como la rosa tienden a presentarse en enormes formas romboédricas, que después se tallan. Las agrupaciones escalenoédricas de la calcita mangano son muy apreciadas e incluso las piezas talladas se coleccionan por su brillante fluorescencia de un rosa intenso. Las tres variedades se asocian con el chakra del corazón.

3. CALCITA ROJA

La coloración de la calcita roja se debe a la hematites, u óxido de hierro, que o bien interrumpe el crecimiento cristalino para formar una masa, o deposita una capa sobre la calcita en formación que produce bandas de color intenso. La calcita roja estimula el chakra raíz, refuerza la vitalidad física, la desintoxicación, la estabilidad y la motivación. Este cristal carmín se asocia con apreciar nuestro cuerpo y las experiencias como seres físicos, y nos ayuda a establecer hábitos saludables.

4. CALCITA NARANJA

Debido a la presencia de inclusiones microcristalinas de hematites, la calcita naranja se suele encontrar en masas que raramente se ven en forma cristalina (con la notable excepción de la de diente de perro). Es una piedra popular para tallar por su naturaleza blanda y su tono varía de un mandarina intenso y liso (México) a un melocotón pálido con granulaciones (Madagascar), dependiendo de su lugar de extracción. La característica más distintiva de la calcita naranja es su color vivo, que despierta sentimientos de alegría, creatividad y confianza. Este alegre cristal se asocia con la sexualidad sana y ayuda a superar la vergüenza y el letargo.

5. CALCITA MIEL

La calcita miel crece en formaciones masivas o rómbicas, con rejillas hexagonales, y es de un color dorado traslúcido, parecido al tono de la miel natural o del citrino. Se encuentra básicamente en México y sus cálidas tonalidades doradas se deben a iones de hierro dispersos por el interior del cristal. En depósitos menos comunes, la calcita muestra una doble refracción. Estas variantes con arcoíris se denominaron calcita óptica miel y son muy buscadas. Se cree que trabajar con calcita miel inspira confianza, claridad de enfoque (sobre todo la especialidad óptica) y persistencia. Nos ayuda a reclamar nuestro poder personal y a eliminar bloqueos que impiden la recepción de abundancia.

6. CALCITA VERDE

La calcita verde solo se forma cuando el clorito queda atrapado durante la cristalización. Se encuentra en México, en tonos desde verde lima hasta esmeralda, y en las tierras fronterizas de Paquistán y Afganistán. Cuando tiene bandas la calcita verde se llama ónice verde, aunque esto no es correcto. Vinculada con el chakra del corazón, la calcita verde activa y equilibra este centro energético, amplificando la conciencia emocional, liberando bloqueos emocionales y mitigando el resentimiento y la ira dirigida a uno mismo.

LA CIENCIA TRAS EL CRISTAL

La calcita (un carbonato cálcico) presenta una gran variedad de colores y más de 400 hábitos cristalinos diferentes, siendo los más comunes el romboédrico, prismático, escalenoédrico, tabular y rocas microcristalinas. Esta piedra cerosa se forma de dos maneras: la transformación de conchas y residuos marinos en calcita, o cuando el agua que contiene dióxido de carbono disuelto se encuentra con caliza u otras rocas ricas en calcio; esto provoca una reacción química y se crean moléculas de carbonato cálcico que con el tiempo producen cristales de calcita. La calcita puede desarrollarse en diferentes entornos, como cuevas, vetas hidrotérmicas y capas de rocas sedimentaria. Se encuentra en todo tipo de rocas y es el componente básico de la caliza y del mármol; se usa para fabricar cemento, en acondicionadores de suelos agrícolas, en farmacia como antiácidos y como pintura y cal para blanquear. Conocida por su intensa birrefringencia, la calcita posee la rara capacidad de dividir un rayo de luz en dos. Tenga cuidado al manipular algunas variedades de calcita debido a su dureza Mohs 3 y a su sensibilidad incluso a los ácidos más débiles.

7. CALCITA AZUL

La calcita azul se encuentra sobre todo en vetas y rocas masivas romboédricas. Las tonalidades van del azul pálido al oscuro, o incluso verde azulado, y se deben a las impurezas de cobre oxidado. Se encuentra en México y Madagascar y se han hallado variantes en Argentina («ónice azul»), Paquistán («calcita caribeña») y con bandas de dolomita en Turquía («scheelita azul»). Los tonos más pálidos aportan inspiración y la capacidad de retener la información. Los más oscuros facilitan la autoexpresión y equilibran el chakra de la garganta.

8. CALCITA DIENTE DE PERRO

Esta calcita posee cristales escalenoédricos (triangulares) con terminaciones afiladas parecidas a los dientes de un perro. Van de un gris opaco y marrón a blanco, rojo, naranja o amarillo, según sean los minerales (como el hierro) que están presentes. La calcita mariposa multicolor (imagen) y la calcita rayo estelar son las más apreciadas. Este cristal elimina bloqueos energéticos que impiden nuestro camino de ascensión. La calcita rayo estelar es la variedad de vibración más elevada, que ayuda en el viaje chamánico a conectar con los guías y a recordar vidas pasadas.

FLUORITAS

Denominada «el mineral más colorido del mundo», la vibrante fluorita se encuentra en todas las tonalidades del arcoíris, así como blanco, negro y transparente. La piedra es blanda y fácil de tallar, y por sus dibujos y colores fue una de las piedras ornamentales favoritas en la antigua China, Egipto y Roma. En el siglo XIX, la fluorita experimentó una nueva popularidad gracias a la variedad «Blue John» que se descubrió en el condado inglés de Derbyshire, y que se talló para crear intrincados artículos para el hogar. Este cristal alocromático es muy apreciado por numerosos coleccionistas de cristales, gracias a su estructura característica, amplia gama de colores e intensa fluorescencia.

1. FLUORITA DE COLOR CAMBIANTE

La fluorita es uno de los pocos minerales en que especímenes de numerosas localidades muestran la capacidad de cambiar de color según las condiciones de iluminación. En la imagen vemos una agrupación de fluorita verde de la mina inglesa de Diana Maria. La fotografía fue tomada con luz incandescente, pero si la sacáramos a la luz del sol, ¡se volvería azul! Una vez devuelta al interior, la fluorita, al cabo de un breve tiempo, volvería a su verde original. Por lo general coleccionadas como especímenes, las piedras azul/violeta o rosa/verde, de grado gema, se utilizan para crear bellas y singulares piezas de joyería. La fluorita de color cambiante mantiene sus propiedades de refuerzo mental, pero también nos ayuda a ser adaptables y fomenta la flexibilidad de pensamiento.

2. FLUORITA BOTROIDAL

Un hábito de crecimiento poco común para este cristal, la fluorita botroidal se encuentra casi exclusivamente en India, China y Estados Unidos. Aunque la fluorita suele ser cúbica u octaédrica, la botroidal se forma como esferas que cristalizan en un líquido rico en sílice. A medida que la fluorita crece empuja contra el sílice, este empuja también, hasta que aparece la forma redonda. Con el tiempo esto crea una única esfera de fluorita o se acumula para formar una agrupación botroidal, a menudo anidada en drusas de cuarzo o amatista que se formaron simultáneamente a partir del líquido rico en sílice. La fluorita botroidal se encuentra en tonos dorado, violeta, verde o malva rojizo. Ayuda en el crecimiento espiritual lento y constante y mejora nuestra capacidad de aprender.

3. FLUORITA AZUL

El azul intenso es uno de los tonos más buscados para una fluorita. Aunque se pueden encontrar finas bandas blancas en la fluorita arcoíris, la saturación de cobalto es poco común. La coloración azul se debe a trazas de elementos, normalmente itrio o cobre, que sustituyen al calcio en la estructura cristalina de la fluorita. Una piedra excelente para profesores y estudiosos, la fluorita azul favorece la expresión de una mente organizada y nos ayuda a hablar de forma clara y concisa. Espiritualmente, la fluorita azul favorece la integración de las informaciones que recibimos y la armonización de nuestro cuerpo mental y etéreo.

4. FLUORITA ARCOÍRIS

La fluorita arcoíris presenta una variedad de colores, con partes verdes, transparentes, violetas, azules y, en algunos casos menos comunes, amarillo o rosa. Esta variedad polícroma se forma como soluciones minerales con diferentes inclusiones que cristalizan en capas, creando bandas de distinto grosor y color. Se encuentra principalmente en China y México, donde crece en vetas hidrotérmicas. Se puede tallar en casi cualquier forma, como columnas o esferas, o como cabujón para piezas de joyería. Debido a sus combinaciones de color, el cristal se asocia con múltiples chakras y sirve para abrir el tercer ojo, fomentar las capacidades espirituales y favorecer la memoria y la concentración.

5. FLUORITA VENTANA

La fluorita ventana nos da un atisbo del proceso de crecimiento de esta interesante formación. La fluorita de este tipo se desarrolla en múltiples fases, como cristales individuales, como en la imagen, o en agrupaciones. En primer lugar se forma una fluorita cúbica transparente; a continuación aparece otro color de fluorita, que rodea el cristal inicial por los cantos o esquinas, formando un «marco» o «ventana» que nos permite ver a través de la fluorita o en su interior. Desde el punto de vista metafísico, la fluorita ventana aumenta la claridad mental, nos ayuda a examinar una situación con una perspectiva clara y, como todas las fluoritas, a retener información.

6. FLUORITA CÚBICA

La fluorita cúbica (6 caras) se forma en líquidos hidrotérmicos de menor temperatura, mientras que la fluorita formada a mayor temperatura suele resultar en cristales octaédricos (8 caras). Se presenta en agrupaciones, y se han encontrado especímenes de alto grado y de un solo cubo en España, China, Rusia y Estados Unidos. El cristal individual de fluorita de mayor tamaño que se conoce ¡era un cubo de unos 2,1 metros! Los colores abarcan todo el espectro, siendo el más común el violeta y el verde. La fluorita cúbica fomenta la claridad mental y la concentración y ayuda a tomar decisiones bien fundamentadas. Esta formación en particular también se considera una protectora mental.

LA CIENCIA TRAS EL CRISTAL

Los cristales de fluorita puros en realidad son incoloros; la inmensa variedad de colores se debe a sustituciones o impurezas menores en la composición química de la fluorita, que o bien tiñen el cristal o cambian su color como respuesta a la radiación ambiental. La fluorita se forma mediante actividad hidrotérmica, se da en vetas de caliza, depósitos hidrotérmicos y en pegmatites graníticas. Se utilizaba, y se sigue utilizando, como fundente en la fundición de metales para eliminar impurezas, y en una variedad de procesos químicos y cerámicos. Es también fuente de flúor, y se usa como material para lentes tanto en longitud de onda infrarroja como ultravioleta. Una de las propiedades menos comunes de la fluorita es que es fluorescente bajo la luz ultravioleta debido a las trazas de europio que contiene. El término «fluorescencia» se acuñó por este mineral tan especial.

7. FLUORITA NEVADA

La fluorita nevada (o fluorita de plumas) es de un color verde claro o violeta oscuro y contiene un contraste de delicadas dendritas de aragonita que parecen arremolinarse en su interior. Esta variedad microcristalina se encuentra casi en exclusiva en depósitos hidrotérmicos de China, y se suele pulir y tallar para mostrar sus dendritas. Metafísicamente hablando, esta fluorita poco común ayuda a armonizar los chakras corona, del tercer ojo y del corazón, elimina los bloqueos energéticos y atrae la calma y la serenidad.

8. FLUORITA SEDOSA

Una fluorita microcristalina opaca que se halla solo en China. Se desconoce su origen; algunos creen que se debe a inclusiones de cuarzo o calcita, otros a la compresión a la que se ve sometida durante su formación. De vez en cuando verde, por lo general la fluorita sedosa presenta bandas de lila claro hasta violetas oscuros, y solo se puede comprar tallada o pulimentada. Energéticamente es muy suave, por lo que es ideal para dejarla junto a la cama o en habitaciones infantiles para un sueño reparador; ayuda a calmar la mente y a una meditación relajada.

FELDESPATOS

El brillo iridiscente, el juego de colores opalescentes y los destellos arcoíris de los cristales de feldespato han inspirado y fascinado al ser humano durante milenios. Miembro importante de la familia de los silicatos, los feldespatos son el mineral más común del planeta, comprendiendo más de la mitad de la corteza terrestre; incluso se han encontrado en lugares tan distantes como la Luna y meteoritos muy lejanos. No es de extrañar que estas bellezas se suelan asociar con espíritus, satélites y estrellas.

1. AMAZONITA
Feldespato alcalino microclina
Aunque los feldespatos microclina se hallan en una gama de colores (blanco, crema, amarillo, rosa y rojo), las más conocidas son las variedades azul y verde azulado. Esta reluciente piedra semipreciosa recibe su nombre por las aguas del río Amazonas y se valora como ayuda a la comunicación sincera, la honradez emocional, la compasión y el valor de vivir con autenticidad.

2. CLEAVELANDITA
Feldespato de sodio
La cleavelandita es la variedad de calidad gema de la albita. Se suele encontrar en pegmatitas y puede formar también bellos especímenes. Estas láminas de aspecto delicado suelen ser traslúcidas y transparentes, aunque los racimos de tonalidad azul hielo son muy apreciados por los coleccionistas. Se dice que la cleavelandita nos ayuda en circunstancias o épocas de cambios profundos, llevando nuestra atención a las posibilidades que pueden surgir de las situaciones difíciles.

3. PIEDRA LUNAR (colores mixtos)
Feldespato alcalino
La piedra lunar es un nombre común que se utiliza para clasificar cualquier feldespato que presente una iridiscencia blanca o plateada; puede pertenecer a las subfamilias ortoclasa, anortoclasa o sanidina. Los antiguos creían que eran gotas de luz lunar cristalizadas, y la piedra está imbuida de la energía de la Luna: estimula nuestra intuición, fortalece el sagrado femenino de nuestro interior y, como su homónima, nos protege y nos guía durante las largas horas nocturnas.

4. HELIOLITA

Feldespato plagioclasa oligoclasa

La contraparte de la piedra lunar, esta piedra con destellos rojos y naranja representa el liderazgo benevolente, la valentía, la vitalidad y la alegría asociados con el Sol. Naturalmente incolora, las minúsculas inclusiones de hematites blancas, amarillas o incluso verdes, crean su color reconocible que, visto a través del feldespato, reluce y lanza destellos bajo la luz directa. Importantes lugares de extracción de heliolita de alto grado son India, Tanzania y Oregón (Estados Unidos).

5. LABRADORITA

Feldespato plagioclasa

La labradorita se asocia con la magia pura: una piedra oscura con destellos de vivos colores. Los tonos no se encuentran en realidad en el cristal, ya que este feldespato tiene capas muy finas y compactadas que refractan y reflejan la luz, creando un despliegue polícromo. Los destellos más comunes son el azul, verde azulado y amarillo, más que los populares rosas, cobres y violetas. Se encuentra en Madagascar y Canadá, pero las de mejor calidad proceden de Finlandia (espectrolita).

6. PIEDRA LUNAR ARCOÍRIS

Feldespato plagioclasa

Con típicos destellos de un azul intenso, la piedra lunar arcoíris se denomina así por el efecto Schiller de espectro completo (*véase* pág. 141) que se da en especímenes poco comunes de esta hermosa piedra. Geológicamente hablando, es una variedad blanca de la labradorita, pero se la asocia con la piedra lunar desde hace milenios, y sus propiedades de magia y protección están íntimamente relacionadas con otros miembros de esta familia. Los cabujones de calidad gema se suelen emplear en joyería, y los depósitos de grado medio, con puntos o destellos e inclusiones de turmalina negra se transforman en esferas, columnas o tallas.

7. GARNIERITA

Feldespato con mineral de níquel (varios)

Aunque la garnierita técnicamente se refiere al mineral de níquel verde incrustado en el cristal, el nombre se usa coloquialmente para designar los feldespatos con garnierita (*véase* imagen). La garnierita a veces se denomina «piedra lunar verde» debido a su brillo y a su ocasional destello azul, pero el mineral que contiene está más relacionado con la serpentina, y no debería confundirse con la piedra lunar verde del Himalaya o de loro (verde y rosa). Energéticamente, esta combinación de níquel y feldespato es de regeneración, y ayuda en la recuperación del corazón, el cuerpo físico, nuestro planeta e incluso nuestra cuenta corriente.

LA CIENCIA TRAS EL CRISTAL

Los feldespatos son más que piedras relucientes. Los cristales de este apartado son los mejor conocidos y populares gracias a su efecto Schiller (brillo o destello), pero esta familia cuenta con más de 20 miembros diferentes, cada uno de ellos valorado no solo por su atractivo, sino también por su funcionalidad. Los feldespatos son uno de los componentes principales del granito, un ingrediente básico en la producción de vidrio, cerámica y pintura, habitual en edificios, decoración para el hogar y monumentos.

Geológicamente, la estructura cristalina del feldespato se compone de aluminio, silicio y oxígeno. Esta familia mineralógica se subdivide en cuatro grupos principales:

- Feldespatos alcalinos, que contienen potasio.
- Feldespatos plagioclasa, que contienen calcio.
- Feldespatos de sodio, que contienen sodio y se consideran tanto alcalinos como plagioclasa.
- Feldespatos de bario, que a menudo se consideran un subgrupo de los feldespatos alcalinos porque el potasio ha sido sustituido por bario.

CRISTALES CUPRÍFEROS

El cobre es el metal de la conexión. Conductor de energía, tanto eléctrica como térmica, así como espiritual, el cobre facilita la canalización de frecuencias más elevadas hacia el mundo físico y la comunicación de pensamientos, ideas y emociones a otras personas. Los cristales con cobre lo reflejan y se han considerado piedras sagradas desde tiempos antiguos. Desde las energías emocionalmente creativas de la crisocola hasta la profunda sabiduría que emana de la azurita, estos bellos cristales contienen el potencial de iluminar nuestra verdad interior para poder conectar con toda sinceridad con los demás.

1. MALAQUITA
Carbonato de cobre (II)
Los verdes intensos de bandas y remolinos de la malaquita se han valorado como cosmético, pigmento para pintura y piedra ornamental durante miles de años. Creada por la meteorización de minerales de cobre, la malaquita puede ser botroidal, fibrosa o incluso crecer como estalactitas. A menudo se encuentra con la azurita, y entre los depósitos importantes están los del África central, sudoeste de Norteamérica, Israel, Australia y Francia. Desde el punto de vista metafísico, la malaquita protege el corazón y absorbe y transmuta el dolor para que podamos sanar.

2. CRISOCOLA
Filosilicato de cobre hidratado
La crisocola es una piedra de cobre fascinante ya que como combinación de cobre, aluminio, silicio y agua, su composición es variable. Con elevados niveles de silicio, la crisocola se conoce como silicio gema o crisocola calcedonia, y tiene una dureza de Mohs 7, mientras que los niveles inferiores significan que la piedra carece de una distintiva estructura cristalina. En lugar de desarrollar cristales, la crisocola suele formar costras, capas, nódulos, vetas o masas botroidales en asociación con otros minerales. Sus tonos azul y azul verdoso la convierten en una popular piedra preciosa para joyería. La crisocola nos ayuda a expresar nuestras emociones con claridad y sinceridad. Facilita la enseñanza y la expresión creativa, en especial en música.

3. SHATTUCKITA
Hidróxido de silicato de cobre
Descubierta en 1915, en la mina Shattuck de Arizona, la shattuckita es un cristal de silicato de cobre secundario poco común, a menudo resultado de una malaquita transformada. Sus formaciones son variadas porque sustituye las moléculas de otros minerales, y se presenta en ramilletes cristalinos, esferas botroidales o como una masa granular de tonos azul claro y oscuro, o atractivos y vivos turquesa. La shattuckita ayuda con la comunicación espiritual, a recibir mensajes de nuestros guías, ángeles, antepasados y nuestro yo superior, y es especialmente adecuada para la canalización. Equilibra el chakra de la garganta y fortalece la capacidad de reconocer y expresar nuestra verdad.

4. AZURITA
Carbonato de cobre (II)

Nombrada por su distintivo color azul, la azurita es un mineral de cobre oxidado que se ha utilizado como pigmento para pintura desde hace casi 5000 años. La azurita, que se puede desarrollar como atractivos cristales, drusas, nódulos, pequeñas esferas botroidales o en masas granulares, es en realidad un cristal molecularmente inestable que en estado natural se transformará lentamente en malaquita. Muchos cuadros en los que se utilizó azurita como pigmento azul, hoy día muestran un tono verdoso debido a este efecto. Los especímenes más atractivos se suelen encontrar en Arizona, Francia, México, Namibia y los montes Urales. Desde el punto de vista metafísico, la azurita se asocia con la sabiduría, los procesos mentales, la intuición, las revelaciones intuitivas y el despertar espiritual.

5. CUPRITA
Óxido de cobre (I)

Un mineral de cobre rojo apodado «cobre rubí» por su coloración, la cuprita es un mineral secundario, lo que significa que solo se forma después de que se desarrolle el sulfuro de cobre y luego se oxide. Suele desarrollarse con piedras hermanas como la shattuckita, pero también puede cristalizar en gemas cúbicas u octaédricas bien definidas, que serían muy valoradas en joyería si no fuera por la naturaleza blanda y quebradiza del mineral. La cuprita es otro cristal del divino femenino y se cree que nos conecta con la resonancia profunda de la Tierra. La cuprita arraiga y estimula la energía de la fuerza vital, generando una sensación de estabilidad, seguridad y fuerza.

6. DIOPTASA
Ciclosilicato de cobre (II)

De un verde intenso, cuando la dioptasa fue descubierta los mineros creyeron que era un tipo de esmeralda. Aunque esta espectacular piedra es demasiado blanda para ser tallada, su poco común cristal romboédrico o prismático es muy buscado, y las mejores agrupaciones suelen proceder de Namibia, República del Congo y Kazajstán. La dioptasa suele desarrollarse con la crisocola y se asocia con la sanación emocional, el perdón, la recuperación de un trauma y las energías del corazón. Se cree que fomenta la compasión, tanto hacia uno mismo como hacia los demás.

7. ATACAMITA
Haluro de cobre (II)

Es poco común y se halla en depósitos de cobre oxidado entre los paisajes áridos de Chile, el sudoeste norteamericano, Australia y China, así como en respiraderos volcánicos de las profundidades del lecho marino. Se forma en cristales prismáticos o tabulares de un verde oscuro, pero también puede formar combinaciones fibrosas o botroidales con cuprita, maquita, linarita, celedonita o crisocola. Como se genera por la oxidación del cobre, se han encontrado muestras de atacamita incluso en antiguas monedas de cobre y en la Estatua de la Libertad. La atacamita se asocia con la renovación física y la sanación emocional.

LA CIENCIA TRAS EL CRISTAL

El cobre fue uno de los primeros metales que se extrajo de forma regular, hace más de 11 000 años. Es blando y maleable, fácil de manipular para confeccionar herramientas y piezas de joyería, y su uso sacó a la humanidad de la Edad de Piedra. En la Antigüedad, nuestros ancestros encontraron cristales cupríferos, por lo general de grado bajo en la escala de Mohs, más fáciles de tallar y moler que los silicatos como el cuarzo y eso, combinado con sus atractivos colores, hizo que las piedras se popularizaran para la ornamentación y fabricación de pigmentos. Existen más de 150 minerales diferentes que contienen cobre, así como 25 gemas bien conocidas, como las de nuestra lista y también el larimar, la turquesa, la ajoíta, la smithsonita, la heliolita de Oregón y la turmalina Paraíba.

El cobre imparte una gran variedad de colores a sus cristales, dependiendo del proceso de oxidación durante la formación de la piedra: los más comunes son los azules atrevidos, verdes azulados vivos y verdes oscuros, aunque también se encuentran en rojo sangre, marrones y negro intenso. Las inclusiones de cobre pueden influir en los patrones de crecimiento del cristal y crear zonas de mayor conductividad.

La gran demanda de cobre en todo el mundo se traduce en una extensa explotación del metal, y muchos de estos minerales se muelen o lixivian por el cobre que contienen. Actualmente, muchos de los cristales de cobre se encuentran cerca de minas o son subproductos del proceso de extracción.

ZEOLITAS

Las zeolitas forman la familia cristalina (tanto natural como sintética) que se utiliza en más procesos comerciales que ninguna otra piedra. Se distinguen por su estructura reticular microscópica abierta, capaz de asimilar con facilidad y retener otras moléculas; actúan como adsorbente, tamiz y catalizador. Casi todas estas heroínas anónimas de la industria sintonizan con los chakras superiores, sirven como guías de vibración elevada y favorecen la meditación.

1. HEULANDITA
Zeolita tetraédrica
La heulandita se forma como delicadas capas de prismas rómbicos o cuñas; en la imagen se observan bajo las agrupaciones de estilbita de mayor tamaño. Normalmente transparente o blanca, diversas inclusiones como las de hematites o celedonita (una mica verde oscuro) pueden dar al mineral un color rosa, rojo, verde, naranja, marrón o amarillo. Es interesante indicar que la heulandita no es un cristal único, sino una serie de cinco variaciones, cada una de ellas con una estructura molecular ligeramente diferente, aunque todas visualmente idénticas. La heulandita estimula y fortalece nuestra intuición y percepción psíquica, nos ayuda a desarrollar la clarividencia o clariaudiencia, y favorece la expansión del alma.

2. ESTILBITA
Zeolita tetraédrica
La estilbita es reconocible por su color de melocotón a rosa salmón, y su hábito de crecimiento en forma de gavilla de trigo o abanico. Es común encontrarla con otras zeolitas o apofilita. Útil para el trabajo con sueños, incluyendo el hecho de recordarlos y los sueños lúcidos, la estilbita fomenta las prácticas meditativas expansivas y constantes, y la conexión con nuestro más amoroso y verdadero sentido de nosotros mismos.

3. NATROLITA
Zeolita fibrosa
La natrolita transparente, blanca, rosa o gris, normalmente forma cristales prismáticos delgados, como agujas, y puede darse también en masas radiantes. El nombre de natrolita se deriva de las palabras griegas *natri* (sodio) y *lithos* (piedra), aludiendo a su composición rica en sodio. En el ejemplo de la imagen, la formación blanca de cristales irradiantes es natrolita y el cristal naranja chabasita. Se cree que la natrolita posee una energía tranquilizadora que ayuda a equilibrar y estabilizar pensamientos y emociones, reduce el estrés y la ansiedad y nos ayuda a sintonizar con nuestro propósito superior.

4. ESCOLECITA
Zeolita fibrosa

Conocida por sus delicadas formaciones blancas irradiantes, la escolecita también se puede pulir y tallar para formar suaves y planas piedras para sostener en la palma de la mano, con dibujos de alas y esferas, como en la imagen. La escolecita se utiliza en prácticas de meditación para reforzar la quietud interior, fomentar un estado de relajación profunda y facilitar la comunicación con guías espirituales o seres de dimensiones más elevadas.

5. CHABASITA
Zeolita tabular

La chabasita es una zeolita pseudo-cúbica poco común, con cristales a menudo gemelos. Presenta una atractiva gama de colores, como blanco, rosa, naranja, marrón, verde o amarillo, y se da naturalmente con otras zeolitas como la natrolita, aunque es fácil fabricarla en laboratorios para uso industrial. Metafísicamente hablando, la chabasita blanca se cree que ayuda con la claridad mental y la atención plena, así como a entender los preceptos espirituales, mientras que la chabasita rosa, naranja y amarilla favorece la conciencia de uno mismo y el abandonar hábitos nocivos.

6. THOMSONITA
Zeolita fibrosa

Una de las zeolitas menos comunes, la thomsonita se divide en dos categorías, una con calcita y la versión más rara con inclusiones de estroncio. Normalmente se encuentra en formas redondeadas y se puede pulir para obtener bellas piezas para joyería. La thomsonita se asocia simultáneamente con el arraigo, el cuidado y las energías protectoras, así como con el crecimiento espiritual.

7. APOFILITA
Fluorapofilita • Hidroxiapofilita

Aunque se la suele asociar con las zeolitas, la apofilita en realidad tiene su propia familia mineralógica, subdividida en cinco especies diferentes. Las zeolitas y las apofilitas son en muchos sentidos cristales hermanos y casi siempre se hallan creciendo juntas, formando hermosos arreglos piramidales o tabulares. Por lo general transparente, la apofilita presenta, asimismo, tonos verdes, rosados, violetas, negros, azules o dorados. La apofilita es conocida por conectar con guías y el yo superior así como por elevar la vibración de cualquier espacio en el que se encuentra.

LA CIENCIA TRAS EL CRISTAL

Las zeolitas son geológicamente aluminosilicatos, formados por la lenta interacción de roca volcánica, ceniza y agua subterránea alcalina. El nombre de zeolita, que se traduce por «piedra hirviendo», se deriva de su capacidad especial de soltar vapor al calentarla, debido a la liberación de moléculas de agua atrapadas. Su estructura microporosa de aluminio, oxígeno y silicio con metales alcalinos, le confiere a esta fascinante piedra una notable capacidad de absorción y liberación molecular.

La singular estructura cristalina de las zeolitas las hace inestimables para toda una serie de aplicaciones industriales, desde la purificación de agua hasta procesos catalíticos, desde suplementos alimentarios hasta arena para gatos. La NASA ha utilizado zeolitas para cultivar plantas en el espacio, y actualmente se están explorando por su uso potencial en proyectos de recuperación medioambiental, como limpiar lugares contaminados y almacenar y eliminar residuos radioactivos de forma segura. Existen más de 40 tipos de zeolitas naturales, pero las cultivadas en el laboratorio sobrepasan los 150 marcos estructurales diferentes.

TECTITAS

Imagínese: un meteorito atraviesa a toda velocidad nuestra atmósfera y choca contra la superficie terrestre. El calor y la energía liberadas en el impacto al instante funden la roca terrestre que ha sido alcanzada, así como la superficie del propio meteorito. Estos pegotes fundidos son lanzados de nuevo a la atmósfera, se fusionan y luego caen en picado de vuelta a la Tierra, a kilómetros del impacto inicial. El impacto y la caída libre ocurren con tanta rapidez —el sílice fundido se enfría tan deprisa— que no tiene tiempo de cristalizar. Así nacen las tectitas: vidrios resultante del impacto de un meteorito. Estos increíbles mineraloides, que cambian en un instante, son instrumentos de rápida transformación y expansión espiritual.

3. COLOMBIANITA (pseudotectita)

La colombianita es lo que se denomina una pseudotectita, junto con las safforditas de Arizona y las agnimanitas de Indonesia. Aunque durante décadas se consideraron tectitas, de hecho son una forma poco común de obsidiana formada por una antigua explosión volcánica de tal magnitud y temperatura que el silicio se proyectó hacia la atmósfera y volvió a caer a la Tierra, de allí su aspecto parecido al de las tectitas. La mayor parte de la obsidiana es joven, geológicamente hablando, y raramente tiene más de 5 a 20 millones de años, es relativamente inestable y con el tiempo se transforma en piedra o cristal.

En cambio, la colombianita se formó hace unos 30 millones de años y ha conservado su composición molecular. La colombianita, conocida localmente como «piedra rayo», suele tener forma redondeada o de pequeño botón, y se encuentra en Colombia, en la zona del río Cauca. El pueblo muisca la considera sagrada y se dice que la colombianita nos conecta con lo divino y que favorece la comunicación con antepasados, deidades y guías. Simultáneamente cristal de anclaje y de elevada vibración, la colombianita se asocia con los viajes espirituales, la sanación, la transformación y el cambio.

1. MOLDAVITA

La moldavita verde se formó hace unos 15 millones de años por el impacto de un meteorito en Alemania. En gran parte se extrae de la República Checa y recibe su nombre por el río Moldava (Vltava), donde se hallaron los primeros especímenes. Toda la moldavita se caracteriza por su superficie picada y grabada, pero los especímenes en forma de flor o erizo son las más valiosas. Este vidrio meteórico se puede tallar para joyería o para hacer calaveras u ornamentos. Es una piedra potente y sin un cristal de anclaje puede producir efectos físicos como palpitaciones, dolores de cabeza y nerviosismo. Es un instrumento de transformación y de crecimiento espiritual rápido; refuerza las capacidades psíquicas. Se cree que facilita la comunicación con otros seres y el viaje por otras dimensiones durante la meditación.

2. VIDRIO LÍBICO

El vidrio del desierto libio es una impactita que se encuentra en el desierto de Libia y Egipto, creada cuando un meteoro impactó en el desierto del Sahara hace unos 29 millones de años. La fuerza del impacto hizo que las arenas se fundieran a temperaturas de más de 2650 °C. Compuesta de sílice prácticamente puro, los pueblos del neolítico utilizaban esta tectita dorada para fabricar herramientas. Los antiguos egipcios la veneraban como piedra sagrada asociada al Sol y la tallaban para joyería y amuletos, como el escarabajo que lleva el faraón Tutankamón. El vidrio líbico aumenta nuestra fuerza de voluntad y favorece el acceso a nuestra capacidad divina de manifestar y crear. Al igual que el resto de las tectitas e impactitas, se cree que nos ayuda a conectar con guías extraterrestres así como con la antigua sabiduría akáshica.

4. INDOCHINITA

La más joven y de mayor tamaño de las áreas de dispersión (*véase* recuadro, a la derecha), se generó por el impacto de un meteorito que cayó en el sudeste asiático hace solo 788 000 años, esparciendo tectitas por Asia, las islas del Pacífico, Australia, Antártica y los océanos Índico y Pacífico. De este único impacto meteórico tenemos numerosas variedades de tectitas, incluyendo tailanditas, filipinitas, la vietnamita Muong-Nong, las australitas en forma de botón o platillo volante y otras, conocidas globalmente como indochinitas. Cada tipo tiene una belleza única y emana una personalidad energética distintiva. Muchos pueblos indígenas de las distintas localidades las usan como talismanes sagrados. Todas son guías y aliadas en la aceleración de nuestra evolución espiritual.

LA CIENCIA TRAS EL CRISTAL

Aunque similares al vidrio volcánico (obsidiana), las tectitas se diferencian por su bajo contenido en agua y por la abundancia de lechatelierita, un mineraloide de sílice (no cristalino) que solo se produce a temperaturas muy elevadas o bajo una presión más allá de la normal en nuestro planeta. Las tectitas se dividen en cuatro categorías principales:

- **Forma de salpicadura:** de forma redonda, mancuerna, lágrima o cebolla; a menudo picada y estriada.
- **Aerodinámicas:** en forma de botón, con un exterior liso causado por una tectita solidificada que se lanza a tal altura que se funde una segunda vez al volver a entrar en la atmósfera terrestre.
- **Muong-Nong:** tectitas de mayor tamaño, en capas, mezcladas con otros minerales.
- **Microtectitas:** minúsculas tectitas en forma de salpicadura, que normalmente se encuentran bajo el agua.

Existen áreas de dispersión de menor tamaño (lugares donde caen las tectitas o meteoritos procedentes de un único impacto meteorítico) en América del norte y central, pero los más conocidos son:

- **El área de dispersión de Europa central:** de 15 millones de años de antigüedad; origen de la moldavita.
- **El área de dispersión de Costa de Marfil:** de 1 millón de años de antigüedad; origen de las ivoritas.
- **El área de dispersión de Norteamérica:** de 35 millones de años de antigüedad; origen de las bediasitas de tono marrón y negro (Texas) y de las georgiaitas verdes (Georgia).
- **El área de dispersión australiana:** de 788 000 años de antigüedad; origen de varios tipos de indochinitas.

Además, están las «impactitas» del desierto, como el vidrio líbico del desierto del Sahara, el vidrio de Darwin del desierto de Tasmania o el poco común vidrio del desierto de Atacama, en Chile.

COLECCIONAR POR CUALIDADES SINGULARES

El amplio mundo de los cristales y minerales es apasionante, con maravillas y rarezas geológicas que nos dejan perplejos al tiempo que nos fascinan. En esta sección, nos centramos en lo singular y lo interesante: piedras que brillan de forma surrealista en la oscuridad, que contienen tesoros ocultos, o que han experimentado espectaculares transformaciones. Numerosos coleccionistas profesionales deciden centrarse en estos ejemplares distintivos. No obstante, aunque usted acostumbre a adquirir cristales por sus asociaciones espirituales o propiedades curativas, no deje de echar un vistazo a los ejemplares de esta sección; son una bella e intrigante adición a cualquier colección.

FORMACIONES DE CUARZO ESPECIALES

El cuarzo, el más prolífico y versátil de los cristales, se puede desarrollar en una variedad de formaciones dependiendo del lugar y de las condiciones. Más allá de la punta hexagonal o geoda que asociamos con el cuarzo, cada una de estas formaciones posee sus propias particularidades y es un testimonio del arte de la naturaleza.

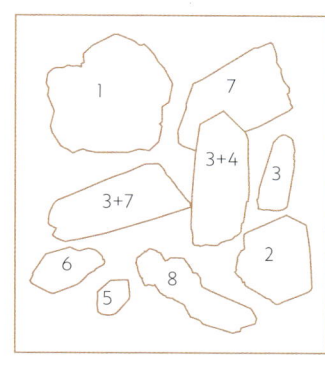

También en la imagen:
cuarzo tabular (8)

1. CUARZO ELESTIAL

Cuarzo esqueleto • Cuarzo caimán

Tiene un aspecto único de guijarro, grabado o estratificado debido a pequeños cristales de cuarzo que crecen en la superficie de los más grandes, formando «ventanas». Desde la metafísica, este cuarzo de elevada vibración sirve de potente aliado para la meditación y facilita la profunda conexión con nuestro yo superior.

2. CUARZO CATEDRAL

Cuarzo biblioteca de luz

El cuarzo catedral se caracteriza por pequeñas terminaciones que ascienden en paralelo a partir de un punto central mayor, creando un aspecto de catedral o chapitel. Conocido también como cuarzo biblioteca de luz por su asociación con los registros akáshicos, se cree que es una llave cristalina de la «biblioteca de luz». Una formación poco común de iluminación espiritual, se cree que el cuarzo catedral contiene la energía de los espacios sagrados y la sabiduría universal.

3. CUARZO LEMURIANO

Cristal semilla lemuriano • Cristales semilla de estrellas lemurianos

El cuarzo lemuriano tiene un patrón de crecimiento único con estriaciones horizontales o marcas de «código de barras» en sus lados. Llamadas también formaciones «escalera», algunos creen que estas líneas contienen información codificada de la mitológica civilización de Lemuria, una supuesta utopía que existió como contraparte de la Atlántida. Meditando o pasando los dedos por los códigos de barras, se cree que podemos acceder a la sabiduría de su interior para sanarnos y expandirnos, a nosotros y al colectivo.

4. ARCHIVADORES

Cuarzo archivador

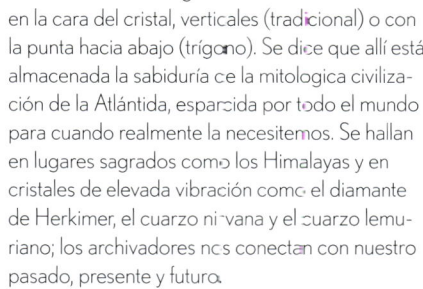

Los archivadores son marcas o indentaciones triangulares en la cara del cristal, verticales (tradicional) o con la punta hacia abajo (trígono). Se dice que allí está almacenada la sabiduría de la mitológica civilización de la Atlántida, esparcida por todo el mundo para cuando realmente la necesitemos. Se hallan en lugares sagrados como los Himalayas y en cristales de elevada vibración como el diamante de Herkimer, el cuarzo nirvana y el cuarzo lemuriano; los archivadores nos conectan con nuestro pasado, presente y futuro.

5. DE DOBLE TERMINACIÓN

Cuarzo de doble punta

Los cristales de cuarzo de doble terminación se forman con extremos en punta (terminaciones) en ambos lados debido a su singular proceso de crecimiento. Aunque las dobles puntas se pueden tallar, en estado natural son poco comunes, más valiosas y más potentes. Este cuarzo es una poderosa herramienta para equilibrar y amplificar la energía cuando se trabaja con cristales sobre el cuerpo, una rejilla cristalina o un ritual, puesto que son capaces de canalizar y proyectar energía en dos direcciones. Esto facilita el flujo armonioso de la energía y que se logre el equilibrio y la alineación correcta.

6. CETRO – *Cristal cetro*

Posee un distintivo patrón de crecimiento, con un pequeño cuarzo coronado por un cristal de mayor tamaño que crea una formación parecida a un cetro. Este cuarzo se asocia con la autoridad espiritual, la fuerza interior, la autocapacitación y la transformación. La punta central prominente simboliza las cualidades de liderazgo, así como el poder de concentrar y guiar la energía con precisión.

7. GEMELO – *Cuarzo gemelo*

El cuarzo gemelo no es una variedad específica, sino un fenómeno en que dos cristales de cuarzo separados crecen en una formación simétrica o especular compartiendo la misma base. Esto ocurre cuando un cristal se divide, o dos cristales de la misma orientación cristalográfica entran en contacto durante el proceso de crecimiento. Los gemelos ofrecen una variedad de formas: llamas gemelas (cristales gemelos con base compartida, que se alejan uno del otro y crean una «V»), gemelo tántrico (cristales gemelos de altura y tamaño similar, como el n.º 7 de la izquierda), y madre e hijo (un cristal más grande que el otro, como el n.º 7, arriba a la derecha).

INCLUSIONES DE CUARZO

Las inclusiones que se encuentran en el interior del cuarzo son numerosas y variadas, yendo de minerales microscópicos como la hematites, que tiñe el cristal generalmente transparente con tonos distintivos, a especímenes como la pirita, la mica o el anfíbol, que han quedado encerrados y protegidos por el silicato que los rodea. El cuarzo amplifica las propiedades de las inclusiones de su interior y, a su vez, es transformado por cada asociación sinérgica.

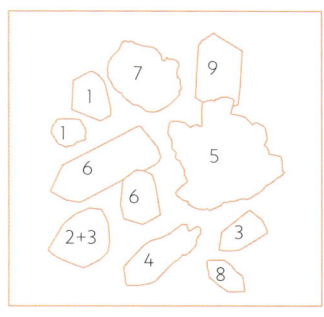

También en la imagen: cuarzo con inclusión de lepidocrocita (9)

1. CUARZO FANTASMA
Cuarzo fantasma

El cuarzo fantasma debe su nombre al aspecto espectral de los «fantasmas» de su interior. Estos tenues contornos muestran etapas de crecimiento anteriores del cristal, y cada una de ellas deja una huella de sutil a bien marcada. Esto se interpreta como un emotivo símbolo del continuo crecimiento y evolución. Nos recuerda que el progreso es un recorrido que se va desplegando de forma continua. Este cuarzo favorece la capacidad de acceder a nuestro yo más joven y a vidas pasadas, para una sanación completa.

2. CUARZO RUTILADO
Cuarzo cabellos de Venus o cabellos de ángel

El cuarzo con inclusiones de rutilo es muy buscado, sobre todo los especímenes de excepcional claridad que muestran patrones rutilados en formas radiadas. El rutilo, un mineral de dióxido de titanio, suele desarrollarse primero y después queda recubierto por sílice líquido que se convierte en cuarzo, conservando en su interior los hilos dorados, cobrizos, rojos o plateados. El cuarzo rutilado se asocia con el chakra del plexo solar y de la garganta y es uno de los más adecuados para la manifestación.

3. CUARZO CON INCLUSIÓN DE CLORITA
Cuarzo de jardín • Lodolita • Cuarzo de chamán

La clorita es un grupo de filosilicatos comunes que se encuentran en rocas metamórficas e ígneas. Pero cuando forma una inclusión en un cuarzo, la magia de la clorita resulta evidente. Con un aspecto de mundos dentro de mundos, la clorita se puede utilizar como instrumento para la meditación, para profundizar en nuestra conexión con el mundo natural, facilitar nuestra sanación física y, en su forma fantasma, ayudar a nuestra recuperación emocional.

4. CUARZO ANFIBOL
Cuarzo ángel fantasma

El cuarzo anfíbol, que se encuentra exclusivamente en Brasil, es conocido por sus remolinos de color rojo, rosa y ocasionalmente azul plateado por la infusión de diversos minerales anfíboles como la actinolita y la tremolita. El cuarzo anfíbol es útil para la meditación y sirve de conducto para la comunicación con los reinos superiores.

5. CUARZO HEMATOIDE
Cuarzo con inclusión de hematites • Cuarzo rosa • Cuarzo mandarina • Cuarzo sanador dorado

Cuando hay presencia de partículas microscópicas de hematites (un mineral de óxido de hierro), estas pueden volver un cuarzo rojo, naranja, amarillo, rosa, gris o negro, dependiendo de las condiciones de su introducción; todos ellos poseen asociaciones metafísicas. El cuarzo samadhi, en la imagen superior, es una variedad poco común de cuarzo rosa de los Himalayas.

6. AVENTURINA
Cuarzo con inclusiones de mica • Cuarzo tanzberry

Nombrada por el cristal brillante y jaspeado de cobre fabricado por primera vez en Italia, el brillo de la aventurina es completamente natural y se debe a las inclusiones de mica. La más conocida es la aventurina verde, por la mica fuchsita verde, pero la aventurina azul y la fresa (en nuestra imagen) son también populares.

7. CUARZO DUMORTIERITA
Cuarzo azul

La hermosa y audaz dumortierita forma impactantes capas en el interior del cuarzo, como en la imagen superior. Pero cuando hay suficiente presencia de dumortierita microcristalina, puede teñir el cuarzo entero de azul y entonces se conoce como cuarzo azul; si también hay mica presente, es aventurina azul. Los especímenes de cuarzo transparente y los racimos con zarcillos definidos y delicados son muy buscados. El cuarzo dumortierita favorece la autodisciplina, la concentración y la agudeza mental.

8. CUARZO CON INCLUSIÓN DE CARBONO
Cuarzo negro

Se encuentra en cristales de elevada vibración y doble terminación natural, como el diamante de Herkimer. Es a la vez purificador y protector, y fomenta la expansión de la conciencia.

ENHIDROS

Los *enhidros*, que significa «agua interior», son cristales con líquidos como agua o petróleo que han quedado atrapados en el interior del mineral. Son un fragmento de la antigua historia de la Tierra, y algunos de ellos tienen 56 millones de años y ofrecen pistas a los geólogos sobre el terreno de nuestro planeta. Los elestiales, diamantes de Herkimer, selenitas, ágatas y variedades de silicatos como el cuarzo transparente, el cuarzo ahumado y la amatista, son los cristales más comunes con inclusiones líquidas.

1. ÁGATA ENHIDRO

Se forma en aguas ricas en sílice que se filtran entre las rocas volcánicas, formando capas de cristales depositados y creando una cavidad donde queda atrapada el agua. A menudo se escucha el sonido del agua moviéndose al agitar el ágata y se puede ver al exponerla a la luz. Desde una perspectiva metafísica, el ágata enhidro purifica, equilibra y repone, lo que la convierte en una aliada ideal cuando necesitamos eliminar toxinas del cuerpo, soltar densidad de nuestro campo energético y revitalizar el alma.

2. CUARZO ENHIDRO

Adquiere su forma cuando el agua queda encerrada en el interior del cristal en desarrollo o se va filtrando por fracturas cristalinas que se van cerrando. El cuarzo transparente ya es un cristal muy flexible y versátil, capaz de contener y amplificar intenciones programadas. El agua también se mueve y cambia, y se cree que retiene recuerdos y patrones energéticos; al fin y al cabo es la forma líquida del hielo que, geológicamente hablando, es un cristal. Cuando estos dos mutables contenedores de intenciones se combinan, los resultados son palpables en su capacidad de manifestar, además de favorecer nuestra capacidad de adaptarnos y transformarnos.

3. AMATISTA ENHIDRO

Aunque la amatista es apreciada por su naturaleza tranquila y el apoyo espiritual que ofrece, el añadido de las inclusiones enhidro aumenta su capacidad de equilibrar pensamientos y emociones. Las aguas primordiales de su interior favorecen la capacidad de sumergirnos en las profundidades de nuestra mente y corazón para desvelar verdades ocultas, y nos ayuda a acceder a la sabiduría espiritual de antiguos guías y de nuestras vidas pasadas. Se encuentra con mayor frecuencia en las variedades Veracruz y esqueleto, y en depósitos de Namibia y los Himalayas.

GRABADO HIDROTÉRMICO

En la parte más elevada de las laderas de las montañas y en las profundidades de la Tierra, corren aguas ricas en minerales que transforman los cristales con los que entran en contacto. Estos cristales en disolución son grabados hidrotérmicamente y muestran intrincados dibujos y texturas formados por esta íntima relación entre mineral y líquido.

4. CUARZO NIRVANA/CUARZO DE HIELO

Descubierto en 2012, este cuarzo rosa o transparente, poco común y con bellas «cicatrices», es un tipo de cristal con interferencia de crecimiento, erosionado por glaciares que se expanden o retraen a lo largo de millones de años en las alturas himalayas. Del mismo modo que muestran las señales de lo que han experimentado, nos indican que nuestra propia historia, aunque dolorosa a veces, es en realidad el camino hacia nuestra propia iluminación. Muchos cuarzos nirvana muestran archivadores tradicionales o trigonales, especialmente apreciados, y nos hablan de la importancia de la aceptación interior, la sabiduría y el despertar espiritual.

5. MORGANITA HIDROGRABADA

Los berilos, como la aguamarina y la morganita, en ocasiones pasan por un proceso de grabado distintivo en que el agua ligeramente acídica se desliza por el cristal, durante o después de su formación, resultando en características singulares y visualmente intrigantes en la superficie de la piedra. La morganita está energéticamente conectada a temas de amor universal y compasión, y su aspecto «grabado» es símbolo del viaje de sanación y transmutación que experimentamos cuando pasamos de estar dominados por el miedo o el dolor a aceptar una perspectiva amorosa.

6. AMATISTA HIDROGRABADA

La amatista hidrograbada primero se forma como puntas de cuarzo violeta intactas y reconocibles. Sin embargo, en circunstancias y lugares poco comunes, se introduce en ella agua casi hirviendo o sulfúrica, que poco a poco va grabando los lados y caras del cristal, creando surcos, giros, huecos y dibujos intrincados. Por haber sufrido su propia transformación, la amatista hidrograbada es una aliada durante las épocas transformativas de nuestra vida.

GEMAS ORGÁNICAS

Las gemas orgánicas son la fascinante intersección de seres vivos que respiran y nuestros familiares cristalinos. Algunas gemas las crea el propio animal mediante la biomineralización; otras se dan cuando la flora y la fauna se transforman después de morir, convirtiéndose lentamente en piedra al ser cada una de sus células sustituida por minerales. Muchos de estos fósiles nos cuentan historias de eras antiguas y son un vínculo tangible con el pasado que nos permite ver cómo era el mundo en otras épocas.

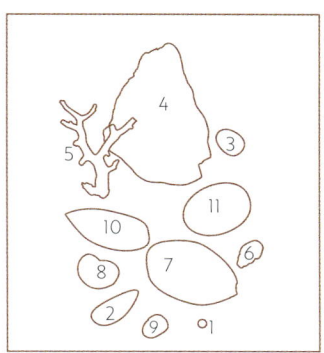

También en la imagen: amonita (8), trilobita (9), ortoceras (10), jaspe Kambaba (11)

1. PERLA – *Perla*

Una exquisita gema orgánica cultivada mediante el notable proceso de biomineralización, la perla se encuentra en todo el mundo en una variedad de colores apagados y brillantes. Los moluscos bivalvos de agua dulce y salada depositan meticulosamente capas de dos tipos de carbonato cálcico —calcita y plaquetas de aragonita— alrededor de un grano de arena o algún otro irritante como protección, dando lugar a una brillante perla en el interior de su cuerpo. Se cree que las perlas aumentan nuestra intuición, nos ayudan a superar situaciones incómodas cambiando nuestra perspectiva, sintonizan con nuestra sabiduría interior y también refuerzan nuestra conexión con el elemento agua y lo sagrado femenino.

2. ÁMBAR – *Ámbar*

Muy apreciado en joyería y usado como medicina desde la época neolítica, el ámbar se forma mediante la fosilización de resina de árbol. No hay que confundirlo con el mucho más joven copal, o resina endurecida; el ámbar puede tener una edad entre 15 y 320 millones de años, y puntos importantes donde se halla son la República Dominicana, Myanmar, el Mediterráneo y el Báltico. Metafísicamente hablando, el ámbar está íntimamente vinculado con la sanación, la protección y la vitalidad y desprende una energía cálida y solícita asociada con el Sol.

3. AZABACHE – *Lignito*

El azabache, a menudo confundido con un mineral, es una forma de lignito, un mineraloide precursor del carbón. Se origina por la transformación de residuos de madera mediante un proceso de carbonización que comprende millones de años. Esta alquimia natural produce un material suave y compacto capaz de alcanzar un pulimentado brillante. El azabache tiene fama de ser protector, y se valora por su notable capacidad de absorber, estabilizar y transmutar energía negativa.

4. MADERA PETRIFICADA – *Madera fosilizada*

La madera fosilizada, con sus verticilos y anillos petrificados, es un fenómeno natural que ocurre por la lenta sustitución de materia orgánica por minerales. Esto puede producir cuarzo, ágata u ópalo asumiendo la forma de la estructura original de la madera, resultando en un cristal que visualmente se asemeja a vetas de madera. La madera petrificada es una piedra de anclaje, transformación, paciencia y sabiduría antigua, y nos ofrece una sólida oportunidad de conectar con la naturaleza.

5. CORAL – *Coral precioso* • *Coral rojo*

El coral está básicamente constituido por carbonato de calcio, el mismo elemento base de las conchas, perlas, calcita y aragonita. Se produce gracias al esfuerzo colectivo de pólipos marinos, que producen el mineral para construir resistentes exoesqueletos, creando formaciones como ramas o montículos. El coral rojo en particular ha sido apreciado como gema durante siglos, aunque la sobreexplotación y el cambio climático han llevado a su declive. Asociado con la realeza, vitalidad, sabiduría, confianza y felicidad, el coral rojo se considera el más afortunado de los corales.

6. CONCHA AGATIZADA – *Concha de ágata* • *Concha fosilizada*

Las conchas agatizadas se producen cuando la concha original de carbonato de calcio se va sustituyendo gradualmente por fluidos ricos en sílice. El resultado es una concha compuesta totalmente de ágata. Las conchas agatizadas se consideran protectoras, sobre todo durante los viajes por agua. Emocionalmente, estos pequeños talismanes calman y estabilizan las aguas profundas del corazón y nos ayudan a explorar nuestras emociones de una forma segura.

7. MADREPERLA – *Nácar*

Con su iridiscente encanto, la madreperla hace mucho tiempo que es apreciada en joyería y para mosaicos. La interacción de la aragonita y la conquiolina forma el revestimiento interior de las conchas de los moluscos, confiriéndoles su brillo característico. Además, se cree que la madreperla atrae prosperidad, alivia el estrés, ofrece protección y aumenta la intuición.

MINERALES FLUORESCENTES

Aunque los cristales se encuentran en prácticamente todos los colores que existen, algunos minerales contienen un secreto que solo se revela al exponerlos a la magia de la luz ultravioleta. Producida por arcos de mercurio de baja y alta presión con longitudes de onda de 254 nanómetros (onda corta) a 320-400 nanómetros (onda larga), la luz ultravioleta ilumina los colores ocultos de los cristales fluorescentes, revelando un mundo que parece pertenecer a otra dimensión.

Nota: aunque la luz UV de onda larga (luz negra) es relativamente segura, la de onda corta puede irritar los ojos y quemar la piel, por lo que debe llevar gafas UV para evitar lesiones oculares.

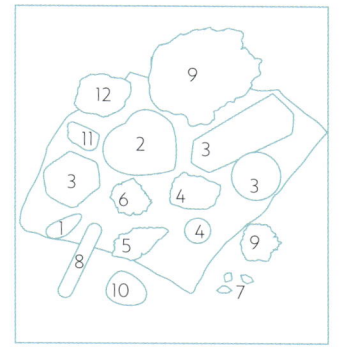

1. ÁMBAR
Onda larga, onda corta

Formado por la fosilización de la resina de árboles antiguos, el ámbar presenta una fluorescencia blanca, azul, verde o amarilla dependiendo del lugar de procedencia. Asociado con nuestros linajes ancestrales y la calidez del Sol, el ámbar sustenta nuestra vitalidad física, nos ayuda a conectar con la memoria genética y nos permite encarnar la alegría.

2. ARAGONITA
Onda larga, onda corta

La aragonita es otra forma de carbonato de calcio, lo mismo que la calcita, pero presenta una estructura molecular diferente y típicas fluorescencias blancas o verde azulado. Las propiedades metafísicas de la aragonita dependen de su color y lugar de extracción, pero a menudo se utiliza para despejar y elevar las frecuencias vibratorias.

3. CALCITA
Onda larga, onda corta

Se encuentra en prácticamente todos los colores del arcoíris y su fluorescencia depende de las inclusiones de mineral que le dan su tonalidad. El manganeso le da una fluorescencia rosa intenso, y otras variedades pueden ser rojas, azules, blancas, verdes o naranja.

4. CORINDÓN (RUBÍ Y ZAFIRO)
Onda larga, onda corta

Conocido por su fluorescencia, una de las características distintivas del rubí es su intenso brillo rojo bajo una luz de onda larga. El zafiro, de tonos variados, puede brillar con tonos rojos o amarillos siempre que los niveles de hierro de su interior sean bajos y no contrarresten la luz UV. El rubí evoca pasión y arraigo físico, y el zafiro inculca sabiduría, claridad mental y concentración.

5. DOLOMITA
Onda corta

La fluorescencia de la dolomita va del amarillo pálido al rojo. Se cree que aporta estabilidad y ayuda con los altibajos de la vida.

6. FLUORITA
Onda larga, onda corta

El cristal del que la fluorescencia deriva su nombre, la fluorita suele tener un brillo azul, pero también casi todos los colores del arcoíris, como blanco, amarillo, rojo, rosa, verde y violeta. Trabajar con fluorita agudiza la concentración y la capacidad de tomar decisiones, aumenta la intuición y abre el tercer ojo.

7. DIAMANTE DE HERKIMER
Onda larga

El diamante de Herkimer no reacciona por sí mismo a la luz ultravioleta, pero muchos contienen pequeñas cantidades de petróleo atrapado, que reluce con un tono amarillo intenso bajo la luz de onda larga. La excepcional formación y claridad del diamante de Herkimer lo convierte en un potente amplificador de energía espiritual.

8. CIANITA AZUL
Onda larga, onda corta

De una fluorescencia discreta, la cianita azul presenta un tono rojo bajo la luz UV. Es una piedra que favorece la comunicación clara, nos ayuda a respetarnos a nosotros mismos y a los demás y sirve de puente espiritual y herramienta de meditación.

9. SELENITA
Onda larga, onda corta

Algunas selenitas y variedades de espato satinado son fluorescentes, como esta variedad dorada de Utah, de brillo verde. Ambas formas de yeso se conocen como cristales limpiadores, que purifican energéticamente otros minerales, el espacio donde se encuentran y nuestro propio campo energético.

10. SODALITA
Onda larga

La tradicional sodalita azul no siempre es fluorescente, pero otros miembros del grupo sí lo son, como la Yooperlita™ de Michigan, de fluorescencia naranja, y la hackmanita, de un naranja rojizo.

11. ESPODUMENA
Onda larga, onda corta

La espodumena, conocida como «kunzita» en sus tonos rosados violáceos, y «hiddenita» en los verdes, de hecho tiene una fluorescencia de diferentes colores dependiendo de la onda de la luz ultravioleta. La kunzita se asocia con el amor y el despertar espiritual, y la hiddenita con la abundancia y el crecimiento.

12. WILLEMITA
Onda larga, onda corta

La willemita es conocida por su fluorescencia tan brillante que se utilizó para la producción de pigmento fluorescente. De un brillo intenso verde neón, la willemita se cree que aumenta la intuición y la conciencia espiritual, y sirve de guía en la oscuridad durante nuestro viaje de ascensión.

ARRIBA: la willemita, a la luz del día, parece una piedra común. Sin embargo, su intensa fluorescencia la hace digan de colección.

ABAJO: el rubí, la fluorita y la calcita mangano son tres de los cristales fluorescentes más comúnmente reconocidos.

DERECHA: la reacción del ámbar a la luz ultravioleta es una de las formas de diferenciar el verdadero ámbar de la resina o el copal.

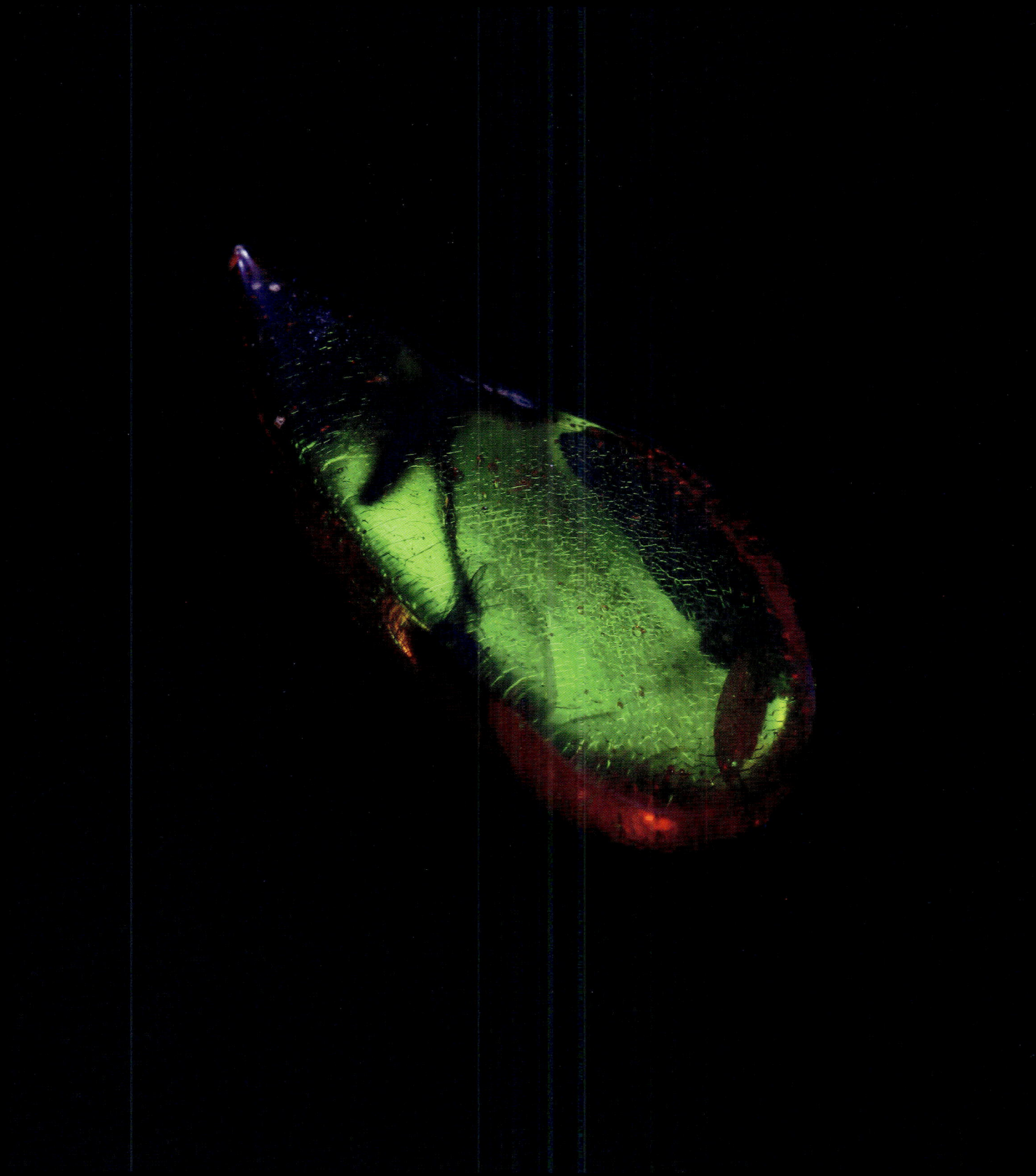

3

ESTABLECER UNA RELACIÓN DE POR VIDA

CON SU COLECCIÓN DE CRISTALES

Cuidar de nuestros cristales es igual de importante que seleccionarlos con atención. Encontrar la pieza perfecta para llevar a casa siempre es emocionante, pero resulta profundamente satisfactorio integrar estos tesoros en nuestros espacios, exponerlos en lugares donde nos inspiren cada día y podamos recordar y honrar el trabajo que realizamos juntos.

Darse cuenta de cuando una de nuestras piedras necesita una limpieza energética es una práctica de conciencia que fortalece nuestra intuición, y atender a las necesidades de un cristal no solo mantiene la integridad de su composición estética y molecular, sino que fortalece el vínculo entre la piedra y usted.

Cuidar de nuestros cristales es un placer simple que nos centra, pero tal vez necesite un poco de ayuda para saber qué tipo de mantenimiento necesita cada ejemplar, sobre todo al principio, cuando nos iniciamos en el tema. En esta tercera y última parte del libro, exploramos cómo limpiar, purificar, guardar y exhibir cristales, minerales y especímenes, asegurando con ello una conexión de por vida con nuestros amigos cristalinos.

CONECTAR CON SUS CRISTALES NUEVOS

Cómo establecer una conexión con sus cristales es algo muy personal. Si colecciona cristales por motivos puramente estéticos o geológicos, puede concentrarse exclusivamente en qué mineral tiene que ser expuesto de forma segura, o cómo una piedra puede contribuir a la decoración de un espacio en concreto. Pero si ha adquirido un cristal por sus cualidades metafísicas, o porque cree en la energía que contiene, tal vez quiera honrarlo y establecer una conexión con el nuevo cristal antes de trabajar con él.

LIMPIAR SU CRISTAL

Muchas personas deciden «limpiar» sus cristales cuando los llevan a casa por primera vez. Aunque los cristales son seres energéticamente estables y no es necesario limpiarlos constantemente, tampoco es posible saber el camino que recorrió el cristal antes de llegar a usted. Por ello puede ser beneficioso ayudar a sus cristales a recuperar su frecuencia natural mediante una de las modalidades de las páginas 114-115. Si considera que no lo necesita, omita este paso.

PRESENTARSE A SU CRISTAL

Una vez limpio, es hora de presentarse a su nuevo cristal. Puede ser algo tan simple como decir en voz alta: «Hola, soy _____ y me siento feliz por haberte encontrado. Espero que podamos trabajar juntos en _____.» Podría también realizar un complejo ritual que dure varias noches. Abajo incluyo un ejemplo de meditación, pero no hay una forma determinada de hacerlo así que, como siempre, opte por aquello con lo que se sienta más cómodo.

CONECTAR CON SU CRISTAL

Existen numerosas formas de ahondar en la conexión con sus piedras. Algunas de mis favoritas son:

- Meditar con el cristal.
- Dormir con el cristal bajo la almohada o junto a la cama.
- Colocar una rejilla de cristales sobre el cuerpo y observar las sensaciones que surgen.
- Hablarle al cristal como a un amigo.
- Hacerle preguntas al cristal y abrirse a recibir una respuesta.
- Observar el cristal y explorar sus características físicas.
- Utilizar una piedra reflectante para la adivinación.
- Mantener el cristal con usted todo el día y fijarse en si se produce algún cambio.
- Elegir un nombre para el cristal.

Tenga presente que cuanto más utilice, trabaje o sostenga en las manos un cristal, más intenso será el vínculo que tenga con él y más fácilmente sentirá su energía.

ESTABLECER UNA INTENCIÓN CON SU CRISTAL

Los cristales, como seres energéticos, nunca dejan de emitir sus hermosas frecuencias. Pero igual que cuando las personas se reúnen con un objetivo común, cuando trabajamos con nuestros cristales para un propósito determinado, los efectos pueden parecer casi milagrosos. Su cristal llegó hasta usted porque quería ser su compañero. Los cristales quieren ser útiles; informar a su piedra de lo qué quiere exactamente sanar o expandir con su ayuda, o qué desea cambiar o manifestar, le permitirá a usted y a su cristal sintonizar con un objetivo común.

Para grabar su intención en el cristal, sosténgalo en las manos y pronuncie en voz alta su aspiración. Asegúrese de que quede bien claro (por ejemplo: estoy en mi trabajo de ensueño que me paga más que suficiente para vivir bien) y si se siente cómodo con ello, sienta, imagine o visualice el cristal iluminándose con la energía de su objetivo, más y más brillante.

Cuando esté listo, agradézcale al cristal que haya trabajado con usted y déjelo donde le parezca apropiado (en este caso, la oficina) o, si es pequeño, llévelo encima siempre que lo necesite. Su piedra conservará de forma natural su intención específica y seguirá emitiendo las frecuencias de sus sueños al universo hasta que vuelva a desprogramarlo.

MEDITACIÓN GUIADA CON CRISTALES

Puede emplear esta meditación para conectar con un nuevo cristal, para determinar la mejor forma de trabajar con una piedra y saber qué efectos tendrá sobre la mente, el corazón o el cuerpo, así como para continuar desarrollando una relación ya establecida cuando precise apoyo u orientación. Recuerde, su intuición siempre sabe qué es mejor para usted, así que adapte y cambie lo que sea preciso para que se ajuste a sus necesidades.

1. Encuentre un lugar tranquilo donde sentarse o tumbarse con el cristal. Tome al menos tres respiraciones profundas, inhalando y exhalando. Antes de empezar, algunas personas dicen que frotarse las manos les ayuda a despertar las terminaciones nerviosas sensoriales. Puede percatarse de las sensaciones en manos o cuerpo, quizás un cosquilleo o algo de calor.

2. Sienta o visualice la energía que le rodea y su aura, en el color que le resulte más natural. La energía circula, saliendo de la parte superior de la cabeza y bajando hasta los dedos de los pies; después vuelve a subir pasando por las manos, el corazón y la cabeza.

3. Cuando sienta la energía en su interior, empiece a imaginar unas raíces que se extienden desde la parte inferior de la columna vertebral y los pies, y que descienden hacia las profundidades de la Tierra, conectándole con las líneas ley y todos los minerales enterrados en su interior. Imagine que esa conexión —sus raíces— se ilumina y sienta su energía reluciente ascendiendo por su cuerpo. Observe si se produce alguna sensación.

4. Pídale a Gaia, a sus guías, ángeles, el universo, los elementos o su yo superior que le ayuden a conectar con el espíritu de su cristal. Cuando sienta que tiene permiso, toque el cristal o, si es pequeño, tómelo en sus manos o póngaselo sobre el chakra del corazón o el que corresponda a la piedra.

5. Mentalmente o en voz alta salude a la piedra y exprésele su gratitud por estar con usted. Siéntese con ella un rato, ábrase y sintonice con su frecuencia, quizás visualizando un rayo de luz del color de la piedra que llega a usted e ilumina su campo energético.

6. Fíjese en cualquier sensación que experimente. ¿Nota algún cosquilleo, picor, calor o frío en las manos o emanando del cristal? ¿Alguna sensación de incomodidad que el cristal está intentando mostrarle? ¿Tal vez se siente de golpe lleno de energía o, al contrario, calmado o incluso adormilado? Simplemente fíjese en cualquier cambio que suceda, sin juzgar.

7. A continuación, sintonice con cualquier emoción que surja. ¿Siente alegría o felicidad? Quizás aparece alguna pena escondida, o siente excitación. A lo mejor simplemente se siente seguro. Sea cual sea la emoción que experimente, permítase sentirla con gratitud.

8. Ahora que está conectado, pregúntele al cristal por qué ha llegado a usted y escuche. Fíjese en cualquier pensamiento que aparezca, alguna inspiración, sensación o sabiduría que le revele su intuición. Fíjese si su piedra tiene «voz» o evoca algún sentimiento concreto. Siéntase libre de formular una pregunta o de comunicarle, en silencio o en voz alta, por qué se sintió atraído hacia el cristal, o qué espera manifestar o cambiar en su vida con su ayuda.

9. Cuando esté listo, dele las gracias al cristal por haberle encontrado, por el trabajo que realizarán y por su sabiduría. Exprese agradecimiento a sus guías, ángeles o yo superior que permitieron la conexión y, por último, a la propia Gaia por darnos vida a todos nosotros, cristales y seres humanos.

CÓMO LIMPIAR Y PURIFICAR SUS CRISTALES

La limpieza física y energética de un cristal es algo que tiene que hacerse con cierta frecuencia para mantener la integridad vibratoria y la potencia de sus piedras, y para que ofrezcan su mejor aspecto.

La frecuencia de un cristal es mucho más estable que la nuestra, así que no tiene que limpiarlo tan a menudo como podría pensar (por eso no hace falta cambiar de sitio sus cristales cada luna llena, a menos que así lo desee). Más que una limpieza, yo lo veo como despejar o reajustar —la purificación energética equivalente a una buena sacudida— y devolver el cristal a la neutralidad y a su oscilación molecular natural. Una vez hecho esto, el cristal vibra en su frecuencia más natural y puede trabajar de nuevo con él. Los mejores momentos para limpiar sus piedras serían:

- Antes de trabajar con un cristal por primera vez, para asegurarse de que está libre de influencias externas.
- Al cambiar de una intención o propósito a otro (es decir, «reajustar»).
- Tras ser expuesto a una energía o emociones muy intensas, para despejar las frecuencias más densas que puedan quedar.

Limpiar físicamente los cristales puede ser igual de importante ya que, con el tiempo, el polvo, la suciedad y la humedad pueden estropear su aspecto, sobre todo si los exhibe fuera de vitrinas cerradas.

Estas son algunas formas simples pero eficaces de limpiar y purificar su colección:

ENERGÉTICAMENTE

Sonido

El método más fácil de limpieza es aprovechar las vibraciones del sonido para calibrar de nuevo las moléculas de un cristal y alinearlas. Del mismo modo que el sonido puede tener un profundo impacto sobre nuestro sistema nervioso, lo tiene sobre los cristales. Puede usar cuencos tibetanos (de metal o cristal), tingshas, campanas o címbalos, pero si no tiene ninguno de estos instrumentos rituales, una cuchara y un pote de metal bastará. Simplemente recuerde evitar la música electrónica, porque los cristales retendrán los campos magnéticos en lugar de ser limpiados.

Ahumar

El ser humano ha estado quemando plantas sagradas como limpieza ritual y para ahuyentar espíritus negativos durante milenios, y sigue siendo una modalidad sencilla para purificarnos a nosotros mismos, nuestros espacios y nuestras piedras. Puede elegir resinas sagradas, corteza u hojas de su propio linaje, trabajar con las plantas con las que se sienta más conectado o incluso preparar su propia mezcla o atado de hierbas. Algunas opciones tradicionales son:

- Europa: romero, hojas de laurel, lavanda y salvia común
- Este de Asia: cedro, madera de agar.
- Norte y Centroamérica: cedro, salvia blanca, hierba dulce y copal
- Sudamérica: palo santo
- África: incienso y mirra
- Índia: guggul o pachulí
- Sudeste asiático: madera de sándalo y canela

Para purificarse usted y sus piedras, simplemente encienda el incienso, resina o plantas secas para que desprenda humo y, con intención, pase el cristal por el humo varias veces o deje que este le envuelva a usted y a los cristales.

Tierra

Devolver un cristal a la tierra es una bonita forma de permitirle conectar con su lugar de procedencia. La tierra que le rodea absorbe cualquier densidad que pueda llevar encima y la devuelve a las líneas ley del planeta, al tiempo que le ayuda a reajustarse con sus frecuencias originales. Puede hacerlo enterrando su cristal en un lugar seguro fuera de casa, o llenando una maceta o tarro de vidrio con tierra o arena y poniendo su cristal dentro. Déjelo al menos un día y noche enteros, o más tiempo si su intuición así lo indica.

Sal

La sal se viene utilizando como agente purificador en todo el mundo desde hace miles de años, así que no es de extrañar que sea una poderosa herramienta de purificación. Limpiar cristales con sal es similar a hacerlo con tierra; simplemente ponga sal seca del Himalaya, marina u otro tipo de sal natural sin yodo en un cuenco con sus cristales y espere un día y una noche. Asegúrese de tirar después la sal a la basura.

Energía

Si está formado en reiki o alguna otra modalidad energética, puede limpiar sus piedras usando las mismas técnicas que ha aprendido para limpiar su campo áurico o cuerpo etéreo. Como cada método difiere, asegúrese de confiar en su intuición al tiempo que respeta la tradición de la que se deriva su práctica.

Agua

El agua corriente es capaz de limpiar sus cristales física y energéticamente; es una opción simple pero poderosa cuando las piezas más duras de su colección precisan un rápido reajuste. Los cristales con una dureza de 7 o más en la escala de Mohs, se pueden limpiar en el agua corriente de un arroyo si tiene alguno cerca, o incluso bajo el grifo. Imagínese que el agua que corre se lleva las energías negativas adheridas al cristal, hasta que lo sienta renovado.

Cristales

La selenita, el espato satinado y la halita son ejemplos de cristales de estructura salina que puede usar para limpiar y purificar otros minerales. Simplemente deje la piedra que quiera limpiar sobre (o tocando) el cristal limpiador, un mínimo de una noche y un día. El espato satinado que ha sido tallado en formas convenientes como boles y platos, puede servir para guardar sus cristales y así se mantendrán siempre limpios.

Luz solar y lunar

Aunque yo prefiero trabajar con el Sol y la Luna para «cargar» mis cristales para un propósito específico, muchas personas emplean la luz solar y lunar como medio de limpiar sus piedras. Antes de exponerlas a la luz solar directa durante un tiempo, compruebe si son sensibles a la luz (*véase página 119*), porque no querrá que se decoloren. Deje las piedras que puede exponer a la luz solar desde 30 minutos hasta todo el día, mientras que la luz lunar es mucho más suave y nunca decolorará sus cristales. Simplemente déjelos toda la noche expuestos a la luz de la Luna para que la absorban.

FÍSICAMENTE

Agua

Las piedras con una dureza de 7 o más en la escala de Mohs se pueden impiar fácilmente simplemente con una esponja mojada, un cepillo de cerdas suaves o un paño, para impiar cualquier suciedad de la superficie. Si su cristal fue untado con aceite antes de llegar a sus manos, tal vez esté un poco pegajoso; en este caso, añada un jabón suave al agua para limpiarlo mejor.

Paños para quitar el polvo y plumeros

Los cristales más blandos según la escala de Mohs deberían mantenerse alejados del agua, pero pasar un paño o plumero de microfibra servirá para quitarles el polvo, y limpiará también en un momento los estantes donde expone sus cristales, porque pasan fácilmente entre los mismos.

Aire comprimido

Las latas con aire comprimido (o para una opción más ecológica utilice un aspirador o soplador manual de doble función) son especialmente útiles para los especímenes no pulimentados, minerales y agrupaciones de cristales de su colección. Resulta difícil mantener limpias estas piezas únicas y hermosas, ya que el polvo queda atrapado en los rincones donde un paño no alcanza. Pulsando un botón, el aire comprimido aleja con suavidad el polvo, conservando la belleza original de la piedra.

CRISTALES RESISTENTES O NO RESISTENTES AL AGUA

Decir que un cristal es resistente al agua significa que por un lado no le afecta si se moja y por el otro que no daña a otros cuando está mojado. Ambas cosas son igual de importantes al cuidar de sus cristales, así como su salud y la del medio ambiente. Por suerte, existe una inmensa variedad de cristales resistentes al agua, que por lo general comparten las siguientes características:

- Dureza: un 6-7 o más en la escala de Mohs.
- No son tóxicos: no contienen ningún metal o mineral tóxico que pueda pasar al agua.
- No son metálicos: no contienen metales, o únicamente trazas, ya que altas concentraciones de cobre, hierro, aluminio etc. pueden oxidarse o corroerse con la exposición al agua.
- No son reactivos: no reaccioan químicamente al agua.

Incluso cuando un cristal cumple con estas cuatro características, siempre es importante hacer una comprobación antes de limpiarlo con agua. Estas listas contienen algunas de las piedras más populares, pero solo son una guía para ayudarle a saber qué cristales son resistentes o no al agua.

CRISTALES RESISTENTES AL AGUA

Duraderos y fáciles de limpiar, muchos de los cristales más comunes y populares son resistentes al agua. Las siguientes piedras son útiles por su flexibilidad y resistencia, y se pueden limpiar en agua corriente, utilizar en rituales de los elementos, o simplemente añadirlos al agua del baño. Por favor, recuerde que aunque el agua dulce no les afecte, algunos de ellos no son adecuados para preparar elixires bebibles de gemas y podrían ser sensibles al agua salada o a temperaturas extremas.

Ejemplos
- Ágata, varios tipos
- Aguamarina
- Amatista
- Amazonita (brevemente)
- Ámbar (brevemente)
- Aventurina, varios tipos
- Citrino
- Cornalina
- Cuarzo ahumado
- Cuarzo rosa
- Cuarzo rutilados
- Cuarzo transparente
- Diamante
- Esmeralda
- Espinela
- Granate
- Heliodoro
- Heliolita (brevemente)
- Hematites
- Hiddenita
- Howlita
- Jadeíta
- Jaspe, varios tipos
- Kunzita
- Labradorita (brevemente)
- Morganita
- Obsidiana, varios tipos
- Ojo de tigre
- Ónice negro
- Ópalo (no dobletes)
- Piedra lunar (brevemente)
- Rubí
- Shungita, noble
- Sodalita (brevemente)
- Topaz, varios tipos
- Turmalina, varios tipos
- Zafiro

CONSIDERACIONES ADICIONALES

Aunque algunos cristales se consideran resistentes o sensibles al agua, ciertos especímenes individuales pueden tener inclusiones aleatorias que afecten su interacción con el agua. Es aconsejable que investigue a fondo cada cristal antes de utilizarlo en rituales o prácticas con agua, como baños con cristales o elixires de gemas. En caso de duda, siempre es más seguro emplear un método indirecto: ponga los cristales al lado del agua o en un recipiente de vidrio sellado dentro del agua. Ambos métodos evitan el contacto directo y eso minimiza el daño para el cristal y la liberación de elementos potencialmente tóxicos. Al final, siempre es mejor dar prioridad a su salud y seguridad, así como a la de su colección de cristales.

CRISTALES NO RESISTENTES AL AGUA

Las piedras con una dureza inferior a 6 en la escala de Mohs, evaporitas, anhidritas y cristales porosos, o con un elevado contenido de metales como hierro, plomo o cobre, es mejor mantenerlas secas porque pueden disolverse, agrietarse, enturbiarse o incluso oxidarse al absorber o interactuar molecularmente con el agua. Aunque algunas de la lista siguiente pueden tolerar brevemente la humedad (p. ej. la cianita), muchas de ellas se reblandecen enseguida (p. ej. el yeso) o, aunque parezca que el cristal no se ve afectado, pueden volver tóxica el agua (p. ej. la malaquita). Si no está seguro de la sensibilidad de un cristal al agua, utilice otro método de limpieza.

Ejemplos

- Amolita
- Angelita
- Apatita, varios tipos
- Apofilita
- Aragonita, varios tipos
- Azabache
- Azurita
- Barita
- Calcita, varios tipos
- Caroíta
- Celestita
- Cianita
- Cinabrio
- Crisocola
- Cuarzo hematoide
- Cuarzo mandarina
- Cuarzo sanador dorado
- Escolecita
- Espato satinado
- Fluorita
- Galena
- Halita
- Hanksita
- Hematites
- Heulandita
- Lapislázuli
- Larimar
- Lepidolita
- Malaquita
- Mica, varios tipos
- Natrolita
- Pirita
- Prehnita
- Rodocrosita
- Selenita
- Talco
- Turquesa
- Ulexita
- Yeso
- Zeolitas, varios tipos

CRISTALES RESISTENTES O NO RESISTENTES A LA LUZ

ENTENDER LA SENSIBILIDAD A LA LUZ

El Sol es una fuerza poderosa en nuestro universo. Es dador de vida, aporta calor, luz y energía. Pero su rayos cubren todo el espectro y, al igual que los rayos ultravioletas pueden decolorar pigmentos y dañar las células epiteliales, también pueden efectuar cambios en nuestros hermosos cristales.

Los cristales se suelen desarrollar bajo tierra, protegidos en la oscuridad, por lo que no es de extrañar que muchos de ellos no puedan ser expuestos a los rayos ultravioleta sin algunos cambios moleculares o sin que se desvanezca el color. Aunque existen tipos de minerales capaces de resistir un tiempo prolongado bajo la luz solar directa, muchos empiezan a decolorarse al cabo de unas horas. La sensibilidad de un cristal depende de la estabilidad de la piedra y de la presencia de pigmentos o vestigios de elementos específicos. Aunque estas listas no son exhaustivas, espero que le sirvan como referencia fácil a la hora de decidir dónde exponer y cómo limpiar o cargar sus cristales.

CRISTALES RESISTENTES A LA LUZ

Los minerales resistentes a la luz son los que menos se decoloran con la luz solar directa. Aunque es seguro cargar o limpiar estas piedras a la luz del Sol, y exponerlas con tranquilidad en lugares bien iluminados sin un gran riesgo de que la luz los altere, recuerde que una exposición continua a los rayos ultravioleta, con el tiempo puede resultar en el sobrecalentamiento o la decoloración de un cristal.

Ejemplos

- Ágata, varios tipos
- Ámbar
- Angelita
- Calcedonia, varios tipos
- Cornalina
- Crisocola
- Diamante
- Granate
- Heliolita
- Hematites
- Howlita
- Jade
- Jaspe, varios tipos
- Labradorita
- Lapislázuli
- Malaquita
- Obsidiana, varios tipos
- Ojo de tigre
- Ónice negro
- Piedra lunar
- Pirita
- Turmalina negra
- Zafiro, todos los colores

CONSIDERACIONES ADICIONALES

Recuerde: todo cristal es único y, aunque algunos pueden considerarse resistentes a la luz, hay especímenes individuales que pueden tener características que afectan su interacción con la luz diurna. Rotar sus posiciones de forma periódica asegurará una exposición uniforme a la luz.

Para conservar la belleza original de los minerales sensibles a la luz, debería exponerlos en lugares donde pueda controlar la iluminación o guardarlos en un lugar oscuro cuando no trabaje con ellos. Mantener la seguridad y el brillo de una colección de minerales requiere ciertos cuidados, pero el esfuerzo merece la pena por la alegría y la ayuda que los cristales nos prestan.

CRISTALES NO RESISTENTES A LA LUZ

Propensos a desteñirse, decolorarse, opacarse, sobrecalentarse o agrietarse con la luz solar, estos minerales sensibles al Sol deben exponerse en zonas con luz controlada o indirecta para que mantengan sus colores originales. Aunque en algunos casos pueden pasar días o semanas de exposición repetida antes de que se observe un cambio en su aspecto, otros, como la fluorita, empiezan a perder color casi de inmediato.

Ejemplos

- Aguamarina (pierde color)
- Amatista (pierde color)
- Amazonita (pierde color)
- Amegreen (pierde color)
- Ametrino (pierde color)
- Anhidrita (pierde color)
- Apatita (pierde color)
- Apofilita (pierde color y se vuelve quebradiza)
- Aragonita azul, violeta o naranja (pierde color)
- Aventurina (pierde color)
- Barita (el azul se desvanece, el blanco se vuelve azul)
- Calcita, varios tipos (pierde color y se vuelve quebradiza)
- Celestita (pierde color y se vuelve quebradiza)
- Cinabrio (se oscurece)
- Citrino (pierde color)
- Corderoíta rosa (se vuelve gris)
- Creedita violeta (pierde color)
- Crisoprasa (pierde color y se vuelve quebradiza)
- Cuarzo ahumado (pierde color o se opaca)
- Cuarzo espíritu (pierde color)
- Cuarzo rosa (pierde color)
- Cuarzo transparente (se agrieta tras una prolongada exposición)
- Cuprita (se oscurece)
- Escapolita violeta (pierde color)
- Esmeralda (pierde color)
- Espinela (pierde color)
- Espodumena (pierde color)
- Fenaquita roja (se vuelve rosa)
- Fluorapatita/apatita (pierde color)
- Fluorita (la de algunos lugares pierde color rápidamente, otras al momento)
- Halita azul, rosa o amarilla (pierde color)
- Hiddenita (pierde color)
- Kunzita (pierde color)
- Lepidolita violeta (se vuelve gris)
- Morganita (pierde color)
- Ópalo (pierde color, se vuelve quebradiza y la opalescencia se opaca)
- Prasiolita (pierde color)
- Rutilo (se oscurece)
- Selenita (se opaca)
- Sodalita, hackmanita (el rojo cambia a verde, azul o incoloro)
- Super 7 (pierde color)
- Topacio, varios tipos (pierde o cambia de color)
- Turmalina, varios tipos (pierde color)
- Turquesa (pierde color)
- Vanadinita (se opaca y pasa de rojo a marrón)
- Vivianita (se oscurece)
- Wulfenita (pierde color)
- Yeso rosa (pierde color)
- Zirconio (pierde color)

¿QUÉ PASA CUANDO UN CRISTAL SE ROMPE?

Cuando un cristal que apreciamos se rompe, sentimos que se nos rompe el corazón. Aunque puede producir sensación de pérdida, también nos ofrece la oportunidad de reconocer, soltar y al final sanar. Cuando una piedra suave y plana de las que se sostienen en la mano se rompe por la mitad, o la punta de una torre se desconcha, la frecuencia y propiedades del cristal no cambian. Si usted se lesiona, su estado emocional cambiará durante un tiempo y tendrá que adaptarse a las circunstancias, pero su esencia no cambia. Lo mismo ocurre con las piedras.

Existen varias creencias sobre el significado de un cristal que se rompe, entre ellas:

- La intención contenida en el cristal ya se ha cumplido.
- El cristal le protegió «recibiendo el golpe» destinado a usted.
- El cristal está listo para ir a su siguiente hogar o regresar a la Tierra, porque usted ya no lo necesita.
- El cristal desea funcionar de una forma diferente.
- Fue solo un accidente (estas cosas pasan).

Utilice su intuición cuando un cristal se rompa para averiguar cuál es la lección potencial que debe aprender.

¿QUÉ HACER CON UN CRISTAL ROTO?

Los cristales se rompen constantemente durante su desarrollo, y algunas formaciones concretas dan pistas sobre cómo se reparó él solo. Una vez fuera de su cavidad o cueva, la capacidad de autosanación queda limitada, pero eso no significa que la vida del cristal acabe tras la fractura. Si lo considera apropiado, puede utilizar pegamento, resina o algún otro adhesivo de minerales para pegar los fragmentos. De otro modo, puede darles un nuevo propósito o incluso regalarlos.

Maneras de darle un nuevo uso a los cristales rotos

- Ponga los trozos resistentes al agua en las macetas de sus plantas.
- Entierre los cristales que no sean tóxicos en su jardín.
- Cree una vela de intención.
- Utilice los trocitos más pequeños para algún proyecto artístico.
- Utilícelo con alambre o electroformado para una pieza de joyería.
- Incrústelo en resina como decoración para el hogar.
- Guarde las astillas más pequeñas para usarlas en rejillas cristalinas.
- Devuelva el cristal a la Tierra como ofrenda.
- Impregne los cristales resistentes al agua con una intención elevada o de sanación y déjelos cerca de vías fluviales para que sean transportados por el mundo.

Simplemente recuerde que tanto si lo repara, recicla o lo devuelve con gratitud a la Tierra, debe respetar siempre el cristal.

CRISTALES TÓXICOS

Los cristales tóxicos, que a menudo resultan cautivadores, requieren una manipulación cuidadosa. Estos minerales pueden contener elementos o compuestos nocivos, por lo que saber cómo interactuar con ellos de forma segura es crucial tanto para coleccionistas como entusiastas. Algunos cristales son perfectamente seguros para sostener en las manos, o incluso para preparar elixires, pero pueden ser perjudiciales para los pulmones si usted se expone a las partículas aéreas mientras los talla o los pule. En otros casos, es seguro tenerlos en la mano, pero pueden ser venenenos si los ingiere. Por último, algunas piedras no deberían tocarse, sino ser admiradas a distancia o expuestas tras un cristal. Aunque esta no es una lista exhaustiva, he incluido cristales comunes cuya toxicidad se desconoce. Recuerde, si encuentra un cristal nuevo, asegúrese de investigar su nivel de toxicidad antes de trabajar con él.

TÓXICOS AL INGERIRLOS

Los cristales de esta lista son seguros para sostener en la mano, guardar en el bolsillo o llevar como joyería, pero pueden ser tóxicos y potencialmente fatales ingeridos o empleados en elixires de cristales. Utilice siempre el método indirecto (*véase pág. 141*) para preparar agua de gemas con estas piedras, y mantégalos fuera del alcance de niños o mascotas que pudieran tragárselos.

Ejemplos
- Amazonita – cobre
- Amonita – bacterias, azufre si es piritizada
- Angelita – plomo y azufre
- Atacamita – cobre
- Auricalcita – zinc y cobre
- Azurita – cobre
- Brucita – amianto
- Calcantita – cobre
- Calcopirita – cobre y azufre
- Coral – bacterias
- Covelita – cobre y azufre
- Crisocola – cobre
- Cuarzo azufre – azufre
- Cuprita – cobre
- Dioptasa – cobre
- Espinela – zinc y aluminio
- Eudialita (1) – radioactiva
- Garnierita – níquel
- Hematites – hierro
- Lapislázuli – las inclusiones de pirita contienen azufre
- Magnetita – hierro
- Malaquita pulida – cobre
- Ojo de tigre – amianto
- Piedras Boji – azufre
- Pietersita – aluminio, amianto
- Pirita – azufre
- Serpentina – amianto
- Sílice gema – cobre
- Smithsonita – cobre y zinc
- Tremolita – amianto
- Turquesa – aluminio y cobre

TÓXICOS AL MANIPULARLOS

Los cristales de esta categoría deberían tratarse con el máximo cuidado. Por ejemplo, si le gusta llevar joyería hecha con jaspe abejorro, asegúrese de que el engaste evite que la piedra toque directamente la piel, o compruebe que la piedra esté incrustada en resina para minimizar la posibilidad de que su cuerpo absorba el arsénico mientras la lleva encima. Si desea sostener en las manos una galena, láveselas con agua y jabón inmediatamente después o, mejor aún, mantenga una tela o un pañuelo de papel entre el cristal y su piel para que el contacto sea mínimo.

Ejemplos
- Barita – plomo
- Cinabrio/cinabrita (3) – mercurio
- Crocoíta – plomo
- Estibina (5) – plomo y antimonio
- Galena (4) – plomo
- Jaspe abejorro (2) – arsénico y azufre
- Kasolita – uranio
- Malaquita fibrosa – cobre
- Olivenita – arsénico
- Realgar – arsénico y azufre
- Vanadanita (6) – plomo y vanadio
- Wulfenita – plomo y molibdeno

SELECCIONAR Y ORGANIZAR SU COLECCIÓN

A medida que una colección crece, también aumenta la necesidad de organizarla y exhibirla. Equilibrar el deseo de tener un acceso fácil a sus cristales puede rivalizar a veces con el sueño de crear un espacio atractivo y bien organizado para exhibir la colección como conjunto.

En las siguientes páginas, encontrará mis maneras favoritas de guardar y exhibir tanto mi colección personal como los que vendo en mi tienda, así como ideas que le mostrarán que es posible exponer, organizar y mantener a salvo sus cristales, todo al mismo tiempo.

SUGERENCIAS, TRUCOS Y HERRAMIENTAS PARA UNA EXPOSICIÓN ATRACTIVA

16

1. SOPORTES PARA ESPECÍMENES

Al igual que existe una variedad infinita de formas y tamaños de cristales, tampoco la variedad de soportes tiene fin. Soportes de tres o cuatro puntas, giratorios, en forma de «L», de garra, de corazón, con iluminación LED: hay una multitud de opciones de exposición para exhibir racimos, especímenes, losas, rodajas y muchos más, sin dañar la superficie de la mesa o estantería donde se exponen.

2. SOPORTES FLOTANTES

Fabricados con un marco cuadrado de plástico, estos soportes se abren y cierran de forma segura, con una película prieta pero flexible que sujeta el cristal en su lugar para que parezca que está «flotando». Similar a las cajas transparentes, los soportes flotantes son perfectos para exponer cristales y minerales de pequeño tamaño sin necesidad de un medio de anclaje.

3. SOPORTES PARA ESFERAS

Son un artículo común y necesario para fijar los cristales redondos. Los soportes para esferas se encuentran en una variedad de materiales: acrílico transparente, madera teñida o lacada, o incluso metal. Desde simples anillos hasta complejos soportes tallados o mullidos almohadones de terciopelo, los soportes para esferas son una forma atractiva de exhibir cristales tallados en forma de huevo o esfera.

4. CAJITAS DE PLÁSTICO TRANSPARENTE

Estas cajitas llevan masilla o pegamento para que el espécimen se mantenga erguido. Son habituales para los minerales pequeños, ya que la cajita de plástico transparente sirve para mantener su contenido seguro al tiempo que permite verlo desde todos los ángulos.

5. SOPORTES PARA VELAS

Otra forma elegante de exhibir sus esferas es utilizando soportes para velas. Tradicionalmente compuestos de metales como plata, oro, latón o hierro, los candeleros y los candelabros llevan una cavidad redonda en la columna para sostener velas largas, que son perfectas también para cristales de formas como esferas, huevos o incluso torres.

6. BASES ACRÍLICAS O DE MADERA

Una forma simple y clásica de mostrar una colección, estas bases de montaje son soportes planos, cuadrados o redondos donde se coloca el cristal. Disponibles en una serie de tamaños, estas bases suelen ser acrílicas, de vidrio, piedra o madera, y algunas firmas se ofrecen incluso a grabarlas, para que recuerde el nombre y el lugar de extracción de su cristal.

7. BANDEJAS DE IMPRESOR

Una alternativa clásica, las bandejas de impresor se utilizaban anteriormente para guardar las letras metálicas individuales para la composición tipográfica de libros, folletos y periódicos. Descansando sobre una superficie o montadas en la pared, sus pequeños cubículos son perfectos para almacenar, ordenar o exhibir pequeños artículos como piedras pulidas, cristales de pequeño tamaño e incluso torres o tallas.

8. SOPORTES ELEVADORES

Si piensa exhibir su colección en una vitrina, le recomiento un juego de soportes elevadores. Se encuentran en diferentes formas, tamaños y materiales y le permiten exhibir mejor la variedad de piezas de su colección, para que ninguna haga sombra a otra, además de aportar fluidez y espectacularidad a su exposición.

9. MASILLA DE MUSEO

La masilla de museo —y su prima, la masilla antisísmica— ayuda a sujetar los cristales que no se sostienen por sí solos, ancla los minerales a su base expositora y también puede usarla en los bordes afilados que pudieran arañar la superficie sobre la que se asienta la pieza.

10. BANDEJAS

Para quienes deseen tener sus cristales en varios lugares o para aquellos que prefieran una estética artística determinada, las bandejas —especialmente las de piedra— pueden ser una forma fantástica y energética de integrar los cristales en la decoración de su espacio.

11. ESTANTES

Cualquier superficie plana puede emplearse para organizar y exhibir una colección de cristales. Podría ser en su librería entre sus libros favoritos, captando la luz en el alféizar de una ventana (asegúrese de que los cristales sean resistentes a la luz), prestando su energía a su mesa de trabajo o en la cocina; también, y con mayor significado, en su espacio sagrado.

Una tendencia reciente entre los coleccionistas son los estantes exhibidores de pared, hechos a mano y tallados artísticamente en forma de montaña, luna u otro elemento sagradas, y que elevan sus piedras a la categoría de verdadera obra de arte o altar flotante.

12. JOYEROS Y CAJAS PARA BISUTERÍA

Una encantadora forma de organizar sus piezas de joyería con cristales y muestras pequeñas, los joyeros tradicionalmente están forrados de tela y tienen pequeños huecos que resultan perfectos para guardar sus piedras de forma segura y sintiéndose especiales.

13. BOLES Y PLATOS

Los boles decorativos son una forma sencilla de guardar sus piedras pulidas, esferas, huevos o piedras para sostener en la palma de la mano. (Pueden ser de piedra o de cristal). No solo mantienen su colección a mano, sino que su bol de cristal puede servir de instrumento adivinatorio: simplemente formule una pregunta o establezca una intención, cierre los ojos y coja una piedra que le revelará su mensaje.

14. EXPOSITORES Y VITRINAS

Diseñados para exhibir los tesoros que contienen, este tipo de expositores son una forma clásica de mostrar sus cristales de un modo que pueda disfrutar de ellos todos los días, al tiempo que quedan a salvo tras el vidrio.

15. EXPOSITOR PARA LUZ ULTRAVIOLETA

Para los amantes de las piedras fluorescentes, es una buena idea invertir en una caja oscura o armario con luz ultravioleta de onda larga y onda corta, para poder así disfrutar de sus piedras con luz natural o, dándole al interruptor, observar cómo relucen con su misteriosa luminiscencia.

16. ORGANIZADORES ACRÍLICOS O DE VIDRIO

Disponibles en todo tipo de formas y tamaños, con cubículos o cajones, sobre ruedas o en cajas para viajes, los organizadores acrílicos o de vidrio le permiten almacenar sus cristales de tamaño pequeño y mediano de la forma que más le convenga. Yo guardo los míos ordenados por color, pero las posibilidades son ilimitadas. Los compartimentos interiores mantienen sus cristales organizados, y los costados o la parte superior transparente facilita su localización.

Al elegir entre acrílico y vidrio, piense en sus necesidades. Puesto que el plástico inhibe la transferencia de energía, los organizadores acrílicos son útiles para mantener separados cristales de diferentes frecuencias, mientras que el vidrio es un material natural que permite que las piedras se «comuniquen».

REJILLAS CRISTALINAS

La geometría sagrada está en todas partes. Se encuentra en la arquitectura, en las hojas y ramas de los árboles, en la espiral de las galaxias o en las diminutas células del cuerpo humano. Muchos creen que la geometría contiene toda la vida, y que a través del estudio de la geometría sagrada podemos llegar a entender el universo, desvelando los mismos elementos básicos de la creación.

Al utilizar cristales alineados junto con la geometría sagrada, materializamos los deseos de nuestro corazón y apoyamos nuestra propia capacidad divina de manifestarnos. La práctica de la rejilla de cristales nos permite comunicar nuestras intenciones directamente al universo, en el lenguaje del universo.

COMPONENTES DE UNA REJILLA CRISTALINA

Al igual que los seres vivos tienen auras —el toroide energético que rodea nuestra forma física—, los cristales también. Y del mismo modo que cuando sintonizamos con un objetivo nuestra capacidad de manifestar aumenta exponencialmente, lo mismo ocurre con los cristales.

Los cristales poseen una estructura cristalina perfecta: en el nivel microscópico, son patrones repetidos de formaciones de geometría sagrada. Disponer estos seres geométricos en una rejilla geométrica intencional, potenciada por nuestra activación e intención, puede crear un toroide de energía mucho mayor, y por tanto más poderoso, que la suma de sus partes.

LA PIEDRA CENTRAL

Al preparar una rejilla cristalina, la piedra central —de modo parecido a nuestra columna de chakras— sirve para anclar el toroide de energía de la rejilla. Actuando como antena, el cristal central es el que transmite nuestra intención al universo. Puede ser un cuarzo transparente o cualquier cristal o mineral que concuerde con su intención. Por ejemplo, si quiere llenar su vida de amor, el cuarzo rosa es un conductor central perfecto. Si lo que desea es protección, la turmalina negra es una buena opción.

La piedra central generalmente debería ser la de mayor tamaño de la rejilla, o la de vibración más elevada. Por ejemplo, podría utilizar un diamante de Herkimer, que tiende a ser pequeño pero su frecuencia es extremadamente elevada. No existe una forma correcta ni incorrecta para la piedra central, pero ser preciso le ayudará a conectar con su subconsciente. Si está iniciando un nuevo proyecto, o desea concebir un hijo, el huevo será una forma poderosa para la piedra central de su rejilla.

LAS PIEDRAS CIRCUNDANTES

Son los cristales que se disponen formando dibujos geométricos alrededor de la piedra central. El número que necesita dependerá de lo sencilla o compleja que quiere que sea la rejilla, así como la forma básica elegida. Estos cristales actúan como modificadores y sustentan la especificidad de su intención. Por ejemplo, en una rejilla de amor con cuarzo rosa, podría elegir el larimar si quiere invocar su alma gemela, pero utilizaría rodocrosita si lo que desea es tener una relación más amorosa y tolerante consigo mismo. Las posibilidades son realmente infinitas. Las piedras circundantes actúan también como satélites, recibiendo y transmitiendo su intención al mundo.

PIEDRAS AMPLIFICADORAS

Las piedras amplificadoras suelen ser puntas de cuarzo o piedras pulidas colocadas en una rejilla exterior, o bien en puntos geométricos entre las piedras circundantes. Estos cristales no son del todo necesarios, pero el cuarzo sirve para transmitir, amplificar y mantener la intención de la rejilla entera.

ACCESORIOS

Muchas personas, entre las cuales me cuento, se sienten inspiradas a añadir componentes no cristalinos a su rejilla. Por ejemplo, puede utilizar un objeto de su infancia o una fotografía de un ser querido al que quiera ayudar. Puede incorporar velas, joyas o metales o elementos naturales como hojas, pétalos, ramitas o flores que se ajusten a su intención, o incluso untar las piedras más resistentes con aceites esenciales. En nuestra hipotética rejilla de amor con cuarzo rosa, podría incorporar pétalos de rosa secos en el dibujo geométrico creado, o aplicar un toque de esencia de rosas sobre su cuarzo rosa central. En una rejilla protectora, podría emplear romero o albahaca.

▶ Rejilla de estabilidad y protección de *Crystal Gridwork*, de Kiera Fogg, 2018 (Weiser Books, Redwheel). Elementos: azabache, cuarzo, cuarzo ahumado, jaspe rojo.

CÓMO CREAR SU REJILLA DE CRISTALES

REJILLA CANALIZADA VS. REJILLA INTENCIONAL

Cómo crear una rejilla cristalina es una de las preguntas que con mayor frecuencia me formulan; suelo contestar diciendo que no existe una forma equivocada de crear una rejilla con cristales. Aunque dé aquí algunas orientaciones, usted sabe más sobre sus propias circunstancias e intenciones que yo, y por tanto debería hacerle caso siempre a su intuición y a los propios cristales.

Esto es especialmente cierto cuando canaliza una rejilla cristalina. Canalizar una rejilla es simplemente empezar con una página en blanco. En lugar de intentar comunicar al universo lo que desea manifestar, está permitiendo que el universo se comunique y manifieste a través de usted. Este es un precioso ejercicio de meditación y una práctica potente para aprender a entregarse, a escuchar mejor a las piedras y a estar más en contacto con su voz interior. Canalizar una rejilla se puede hacer con los cristales que tiene en casa o incluso con objetos encontrados durante un paseo por la naturaleza.

La rejilla creada con intención, como su nombre indica, consta de varios pasos, como todo lo que se realiza con intención. El acto de seleccionar es en parte lo que le da su fuerza a una rejilla cristalina, ya que cada decisión consolida lo que quiere manifestar. A continuación encontrará una guía para crear su rejilla de cristales intencional, pero repito: se trata de una guía, no de reglas inamovibles.

1. **Clarifique en su interior su intención o lo que desea manifestar.** Puede tratarse de algo físico (como un nuevo hogar), emocional (p. ej. quererse más), espiritual (p. ej. conectar de nuevo con su yo superior), o incluso abstracto (p. ej. que reine la paz en el mundo).

2. **Elija el dibujo.** Seleccione un dibujo que sienta que armoniza energéticamente con su intención. Por ejemplo, si lo que desea es más seguridad, el uso del patrón geométrico del cuadrado estabilizador potenciará la eficacia de su rejilla.

3. **Seleccione las piedras.** Empleando una guía de referencia o su intuición, seleccione los cristales con propiedades metafísicas que crea que expresan mejor el resultado deseado.

4. **Elija un lugar.** Aunque algunas personas prefieren alinear su rejilla con el polo norte magnético para conectar con las líneas ley magnéticas de Gaia, esto no es necesario. Simplemente elija un espacio que para usted sea sagrado o especial, libre de distracciones, y que sea visible para usted durante el día, como un altar o el estante de una librería. Evite las superficies electrónicas ya que los campos electromagnéticos podrían alterar el toroide de energía de una rejilla cristalina.

5. **Forme la rejilla de cristales.** Coloque sus cristales siguiendo el dibujo geométrico elegido (*véanse los ejemplos de las págs. 134-135*). Aquí incluyo parámetros básicos para crear su rejilla cristalina, pero recuerde: no existe un modo correcto ni incorrecto. Una gran parte de la formación de la rejilla tiene que ver con la emoción. Si no se siente bien con su rejilla, no producirá el efecto deseado. Disfrute del proceso, experimente, juegue, haga cambios y sepa que por el simple hecho de construir su rejilla, ya está trabajando con sus cristales, su intuición y el propio universo.

6. **Active su rejilla.** Activar la rejilla cristalina es un paso importante para las rejillas con intención, que a menudo se olvida. Es el momento en que usted, a través de su voluntad divina, energía y voz, reúne los cristales individuales en una sola entidad unificada. Algunas personas prefieren utilizar una varita de cristal, péndulo o daga ritual, pero también puede emplear una varita metálica o incluso las manos.

   a) Cree una declaración positiva que resuma y ejemplifique su intención.
   b) Medite, escriba en un diario o sienta su intención y lo que desee manifestar.
   c) Pronuncie la declaración en voz alta mientras dirige su vara o las manos hacia la piedra central. Visualícela iluminándose con su intención y el flujo de energía.
   d) Pase la vara o las manos por encima del resto de las piedras circundantes y los cristales amplificadores de su rejilla, y visualice una fina red de energía que las va conectando; cada cristal se ilumina al conectarse, hasta que todos ellos se sienten unificados y llenos de energía.
   e) Una vez activada la rejilla entera, visualice y sienta el toroide de energía que la rodea creciendo más y más, extendiéndose hacia el universo. En el momento adecuado, repita la declaración de intención una vez más para sellar la rejilla.
   f) Finalice dándoles las gracias a los cristales por su ayuda en la manifestación.

7. Mantenimiento de la rejilla cristalina.
Las rejillas cristalinas no son una herramienta para «montarla y olvidarse de ella». Usted trabaja conjuntamente con sus cristales. Enviar un poco de energía a la rejilla todos los días, ya sea mediante una breve plegaria por la noche, expresando gratitud a los cristales por la mañana, o sosteniendo las manos por encima de la rejilla y visualizando que le pasa un poquito de energía extra, la mantendrá estable, con poder y conectada con su propósito.

8. Desmantele la rejilla cristalina. Una vez alcanzado su objetivo, o cuando se sienta listo para soltar su intención, es hora de desmantelar la rejilla. No se olvide de expresar gratitud a los cristales por su ayuda y también al universo por haber trabajado con usted.

▶ Rejilla cristalina para Samhain, de Linn Krabberød (@SisterSpark_Crystal Grids). Elementos: serpentina de Cornualles, cuarzo de fuego, espesartina, granate negro, granate almandino, cornalina, turmalina negra, obsidiana negra, ónice negro, azabache sin pulir, shungita noble, cuarzo ahumado, dravita, hojas de roble, hojas de arce japonés y espigas de trigo.

FORMAS DE REJILLAS CRISTALINAS

Aunque las posibilidades para una rejilla de cristales solo están limitadas por nuestra imaginación, a veces una plantilla ayuda a eliminar el temor a que no sea correcta. Permita que estas formas geométricas sagradas le guíen y le inspiren; simplemente recuerde que cuando la intuición le impulse a hacerlo, está permitido saltarse las normas y dibujar la rejilla a su gusto.

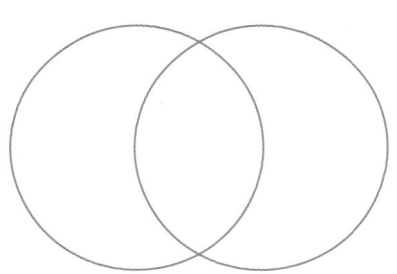  

VESICA PISCIS

Escoja esta rejilla para...
- Conectar con el divino femenino/la energía de la diosa.
- Favorecer el renacimiento y la transformación.
- Manifestar sueños, ideas y deseos en el mundo físico.
- Trabajar con la conciencia de la fuente.
- Favorecer la fertilidad y el engendrar nueva vida.
- Equilibrar e integrar dualidades (p. ej. masculino/femenino, cuerpo físico/espíritu).

SEMILLA DE LA VIDA

Escoja esta rejilla para...
- Conectar con la creación universal.
- Catalizar nuevos inicios.
- Apoyar nuevos proyectos.
- Establecer nuevos hábitos o rutinas.
- Manifestar sueños y objetivos.
- Fortalecer la creatividad.

FLOR DE LA VIDA

Escoja esta rejilla para...
- Alimentar la sabiduría y la concienciación.
- Encontrar armonía, recuperar el equilibrio y sentir paz.
- Manifestar intenciones y sueños.
- Conectar con el ciclo de inspiración y creación.
- Estimular la abundancia y la prosperidad.
- Conectar con el colectivo humano, Gaia, la conciencia universal.

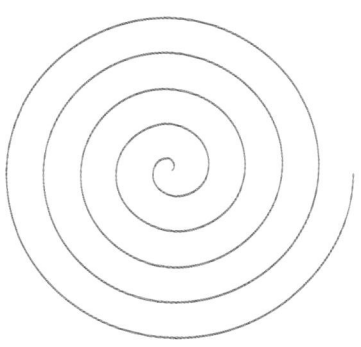

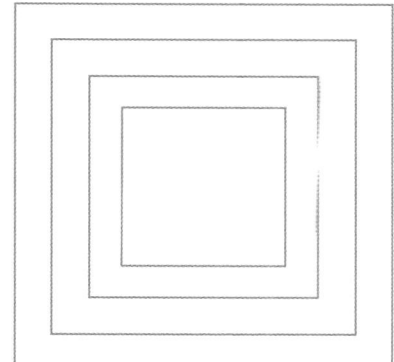

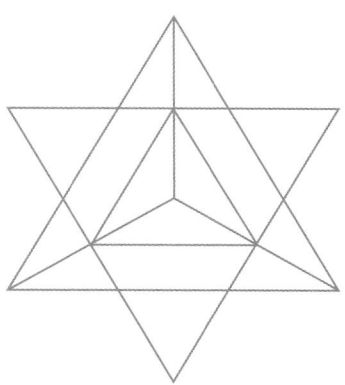

ESPIRAL

Escoja esta rejilla para...

- Ayudar a la expansión espiritual y el creci-
miento personal.
- Fomentar el movimiento y la fluidez cuando
se sienta estancado.
- Facilitar el encontrar, vender o mudarse de
casa.
- Armonizarse de nuevo con su propósito.
- Estimular la abundancia y la prosperida.
- Prosperar en la profesión elegida.

CUADRADO

Escoja esta rejilla para...

- Aumentar la sensación de seguridad.
- Fomentar la estabilidad y la seguridad.
- Construir los cimientos para un objetivo.
- Proteger y consolidar el hogar.
- Establecer y mantener límites personales.
- Fomentar la confianza y la seguridad en uno
mismo.

MERKABA

Escoja esta rejilla para...

- Activar las capacidades psíquicas y espirituales.
- Limpiar y equilibrar los chakras.
- Acelerar la expansión espiritual y la ascensión.
- Facilitar los viajes interdimensionales, la proyec-
ción astral y las visiones chamánicas.
- Fortalecer la protección espiritual y la estabilidad.
- Equilibrar y armonizar polaridades (p. ej. mas-
culino/femenino, personal/divino, Tierra/cosmos).

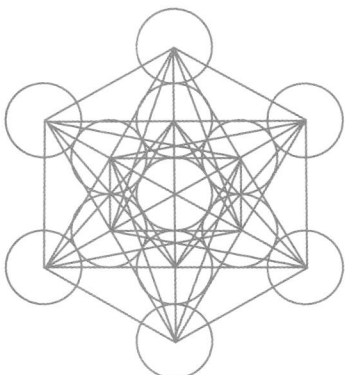

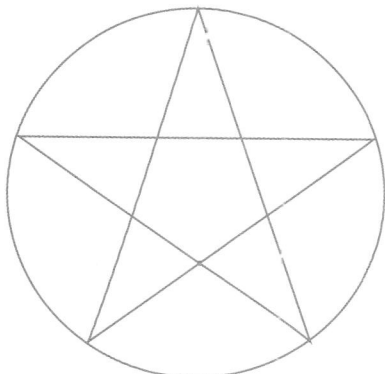

CUBO DE METATRÓN

Escoja esta rejilla para...

- Sustituir pensamientos negativos y hábitos
nocivos por otros amorosos y expansivos.
- Facilitar el crecimiento y el cambio interiores.
- Acceder a niveles más elevados de conciencia.
- Liberar y sanar heridas y traumas del pasado.
- Conectar con los registros akáshicos y
recordar vidas pasadas.
- Comunicarse con guías, ángeles, ancestros
y su yo superior.

PENTAGRAMA/PENTÁCULO

Escoja esta rejilla para...

- Conectar con la naturaleza y los cinco
elementos: tierra, aire, fuego, agua y éter
(Occidente) o agua, fuego, tierra, madera y
metal (Oriente).
- Restablecer la unidad y la colaboración
entre cuerpo y espíritu.
- Invocar la protección física y espiritual.
- Desterrar energías negativas o apegos nocivos.
- Manifestar objetivos e intenciones en la
realidad física.

TRIQUETA

Escoja esta rejilla para...

- Conectar con y representar a la triple diosa
(neopaganismo).
- Conectar con y representar al padre, hijo
e espíritu santo (cristianismo).
- Formar una familia.
- Conectar con y representar los tres reinos
de cielo, mar y tierra.
- Hacer realidad un nuevo proyecto o empresa.

REJILLA CRISTALINA PARA UN MUNDO COMPASIVO

Ha habido muchos momentos en los últimos tiempos en que he visto las noticias o leído las numerosas historias en Internet con las que nos inundan: la guerra, el odio, la ira y el dolor parecen ser omnipresentes en la sociedad actual. Pero he aprendido que el macrocosmos de nuestro colectivo refleja el microcosmos de nuestras vidas individuales. Cuando nos dejamos envolver por el miedo, la ira, el odio, no hacemos más que alimentar a la bestia. Podemos ser conscientes de lo que ocurre en tiempo real al tiempo que nos centramos en dar nuestra energía al mundo que deseamos crear. Canalicé esta rejilla para un mundo compasivo en un momento especialmente bajo en que me sentía impotente, y espero que, en cierto modo, al publicarla para que otros experimenten con ella, siga contribuyendo a un mundo más amoroso, comprensivo y justo.

LA PIEDRA CENTRAL
· Una talla en jadeíta de Kwan Yin — compasión ilimitada y perdurable, dulzura, serenidad, armonía, equilibrio.

LAS PIEDRAS CIRCUNDANTES
· **Amazonita para sostener en la palma de la mano** — honestidad sincera, comunicación compasiva, conciencia de uno mismo, aceptación de los demás, armonía.
· **Corazones de cuarzo rosa** — amor, compasión, conexión.
· **Puntas de cuarzo lemuriano** — sabiduría del corazón, recuerdo de un mundo amoroso.
· **Calcita cobalto, piedras pulidas** — armonía emocional, sanación del corazón, elevación, liberación de traumas, conexión con el corazón, amistad.
· **Esmeralda, piedra pulida (incrustada en su matriz)** — esperanza, renacimiento, sanación, compasión hacia uno mismo y los demás.
· **Howlita, piedras pulidas** — equilibrio mente-corazón, sosiega los ánimos, libera el miedo.
· **Turmalina verde** — autoconciencia, autorresponsabilidad, sanación del corazón.
· **Turmalina rosa** — sanación emocional, dulzura, alegría.
· **Piedra lunar arcoíris** — protección, seguridad, luz que guía en la oscuridad, intuición, activación del divino femenino.

PIEDRAS AMPLIFICADORAS
· **Puntas de cuarzo transparente** — concentran y magnifican la energía y la intención de la rejilla.
· **Varitas láser de cuarzo transparente** — crean cohesión y estabilizan la intención de compasión.

ACCESORIOS
· **Capullitos de rosa de color rosado** — gracia, dulzura, alegría, inocencia, gratitud.

REJILLA CRISTALINA PARA SUEÑOS REVELADORES

Cuando estamos profundamente dormidos, con la mente tranquila, es cuando estamos más abiertos a nuestro mundo interior del espíritu. Durante el tiempo onírico es posible que nuestros guías y antepasados nos visiten, que nos adentremos en caminos no explorados y que se dé la sanación. No es raro que se nos revelen verdades interiores durante nuestras visiones nocturnas, cuando recordamos nuestro pasado oculto, entendemos nuestras situaciones presentes e incluso atisbamos nuestro futuro.

Formé esta rejilla para ayudar con el viaje espiritual y la expansión durante el trabajo con sueños, pero la moldavita, la piedra lunar y la sugilita son otros cristales que podría incorporar o utilizar para sustituir los que detallo a continuación.

LA PIEDRA CENTRAL
· **Esfera de caroíta** – transformación, evolución espiritual, ampliación de conciencia, capacidades psíquicas, sanación emocional, integración mística, viajes oníricos.

LAS PIEDRAS CIRCUNDANTES
· **Lazulita para sostener en la palma de la mano** – conciencia trascendente, sueños lúcidos, revelaciones, recordar los sueños, conexión entre consciente e inconsciente.
· **Diamante de Herkimer** – de elevada frecuencia, viaje astral, visión interior, conexión con otras dimensiones, yo superior.
· **Caroítas para sostener en la palma de la mano** – transformación, evolución espiritual, ampliación de conciencia, sanación emocional, integración mística, viajes oníricos.
· **Amatista de Veracruz** – viajes oníricos, sueños lúcidos, protección espiritual, intuición, ascensión.
· **«Bayas» de azurita** – visión interior, dones psíquicos, conciencia de vidas pasadas, conexión con los guías, entender la simbología de los sueños.

PIEDRAS AMPLIFICADORAS
· **Cuarzo transparente, piedras pulidas** – amplifican la energía del sueño con intención.

ACCESORIOS
· **Capullitos de jazmín** – despertar espiritual, tranquiliza, refuerza la intuición, meditación, atención plena.

RECURSOS

PÁGINAS WEB

Sage Crystals
www.sagecrystals.com
Tienda de cristales adquiridos con conciencia, minerales, joyería y mucho más; explore su base de datos sobre las propiedades de los cristales.

Energy Muse
www.energymuse.com
Tienda de piezas de joyería con cristales, herramientas, piedras pulidas y mucho más, con prácticas guías para iniciarse en el mundo de los cristales.

Iris Unique
www.irisunique.com
Aprenda más sobre formaciones cristalinas y compre piezas únicas.

Mind At
www.mindat.org
La mayor base de datos pública del mundo sobre cristales, minerales, meteoritos y sus lugares de extracción.

Minerals.net
www.minerals.net
Guía de minerales y gemas, comunidad y galería de fotos.

LIBROS

The Book of Stones, Robert Simmons y Naisha Ahsian con la colaboración de Hazel Raven, (2021) Destiny Books

The Crystal Bible, Judy Hall, (2009) Godsfield Press. Edición española: *La biblia de los cristales*, (2005) Gaia ediciones

EXPOSICIONES DE MINERALES

Denver Gem & Mineral Show
Setiembre
Denver, Colorado, EE UU
El segundo mayor salón de minerales de Estados Unidos, fácil de recorrer, con 11 exposiciones diferentes en tres emplazamientos.

Expominer
Noviembre
Barcelona
Feria para aficionados a los minerales, fósiles y piedras preciosas. Ofrece la oportunidad de comerciar, comprar y vender tesoros naturales.

International Mineral & Gem Show
Junio
Sainte-Marie-aux-Mines, Alsacia, Francia
Una de las mejores exposiciones del mundo de gemas, minerales y especímenes de cristales, con asistencia anual de 900 mineros y vendedores.

Mineralientage München
Octubre
Múnich, Baviera, Alemania
El salón de Múnich es la mayor exposición de gemas y minerales en un solo recinto, con 1500 vendedores repartidos entre cuatro lugares de exhibición.

Tokyo International Mineral Fair
Diciembre
Tokio, Japón
Orientada más hacia los minoristas, la feria de Tokio se especializa en especímenes poco comunes, minerales de alto grado y cristales de colección.

Tucson Gem & Mineral Showcase
Enero-febrero
Tucson, Arizona, EE. UU.
El salón de gemas más grande del mundo, con 48 exposiciones diferentes y miles de vendedores nacionales e internacionales.

GLOSARIO

Alma suprema – un espíritu divino que se cree comprende todas las almas humanas o de los seres sensibles.

Alocromático – incoloro, pero conteniendo las impurezas que contribuyen a dar color al cristal.

Anfíbol – cualquiera de un grupo complejo de minerales de silicato hidratados, conteniendo principalmente calcio, magnesio, sodio, hierro y aluminio, e incluyendo hornablenda, tremolita, amianto, etc., que se encuentran como componentes importantes de numerosas rocas.

Astrología védica – la tradición de astrología sideral derivada de los antiguos textos védicos e hinduistas de la India.

Birrefringencia – véase refracción doble.

Cabujón – cristal o gema tallado con al menos un lado plano y pulimentado en lugar de facetado, que se emplea en joyería.

Campo áurico – el aura o campo de energía invisible que rodea a los seres vivos así como a los objetos inanimados.

Capacidades psíquicas – entre ellas: clarividencia (vista), clariaudiencia (oído), percepción clara (sensación física), conocimiento claro (saber), percepción por el olor (olfato), percepción por el gusto (gusto), empatía (sentimiento emocional).

Chi – qi; según la medicina tradicional china, la fuerza o energía vital que circula por todos los seres vivos.

Código de luz – patrones energéticos, improntas y transmisiones que se cree están

codificados en nuestro ADN, cristales y lugares sagrados, o que se pueden recibir como descargas de reinos espirituales.

Conciencia universal – un concepto metafísico que sugiere una esencia subyacente a todo el ser y el devenir del universo.

Dendrita – figura ramificada en forma de árbol producida sobre o en el interior de un mineral por otro mineral, por lo general magnesio.

Divino femenino – sagrado femenino; la fuerza arquetípica y símbolo que habita en toda cosa viviente, caracterizada por su receptividad, capacidad de cuidar, interconexión, expresividad e intuición; equilibra lo sagrado masculino.

Doble refracción – la separación de un rayo de luz en dos rayos planos polarizados refractados de forma desigual.

Efecto Schiller – adularescencia; el efecto gemológico de brillo lechoso, metálico o destello iridiscente causado por la luz reflejada en las diminutas plaquetas minerales del interior de la gema, o de los reflejos de luz del intercrecimiento paralelo de la piedra.

Elixir de gemas – un método de infusión energética en el que las piedras se ponen en agua potable, o cerca de ella, para «programarla» con las propiedades energéticas del cristal con fines curativos.

Elixir de gemas; método directo – el proceso de preparar elixir de gemas poniendo cristales no tóxicos y resistentes al agua directamente en agua potable.

Elixir de gemas; método indirecto – el proceso de preparar elixir de gemas en que un mineral se pone al lado de agua potable, o dentro de un recipiente de vidrio que después se sumerge en el agua.

Espiral de ascensión – el patrón repetitivo de eventos que surgen en la vida de una persona durante el viaje de ascensión.

Espiral sagrada – *véase* secuencia de Fibonacci; espiral áurea.

Evaporita – cualquier piedra sedimentaria, como yeso o sal de roca, formada por la precipitación de agua de mar al evaporarse.

Frecuencia Schumann – 7,83 Hz; la frecuencia dominante de las resonancias Schumann, una gama de ondas electromagnéticas que existen en la ionosfera terrestre, formada por la interacción de la superficie del planeta con la ionosfera, y que se crea por la caída de rayos que actúan como detonante para producir la resonancia.

Fuente universal – aquello de lo que se deriva toda energía y vida; Dios, espíritu.

Hematites – un mineral de tono marrón rojizo a negro consistente en óxido de hierro.

Impactita – material vidriado o cristalino compuesto de roca fundida y materiales meteoríticos, producida por el impacto de un meteorito contra la tierra, por ejemplo la moldavita.

Kundalini – la fuerza vital yógica que está enroscada como una serpiente en la base de la columna vertebral; cuando «despierta», la energía de la kundalini asciende por la columna mediante posturas y ejercicios prescritos, hasta llegar a la cabeza, donde desencadena la iluminación.

Ley de la atracción – la creencia espiritual de que la energía encarnada en el ser humano atrae energía hacia uno mismo; por ejemplo, los pensamientos positivos o negativos atraen experiencias positivas o negativas hacia la vida de una persona.

Mineraloide – un sólido inorgánico natural que puede parecer un cristal, pero que no posee una estructura atómica cristalina, como el vidrio.

Mohs, escala de dureza – escala del 1 al 10 que indica la resistencia al rayado de diferentes minerales mediante la capacidad de un material más duro de rayar otro más blando. El 1 indica que es blando, como el talco, y el 10 duro como el diamante.

Nervio vago – el más largo y más complejo de los nervios craneales que va del cerebro pasando por la cara y el tórax hasta el abdomen; controla la digestión, el ritmo cardíaco, la respiración y el sistema inmunitario.

Nirvana – en el budismo, estado trascendente donde no existe el sufrimiento ni el deseo, y el sujeto se libera de los efectos del karma y del ciclo de muerte y renacimiento.

Pegmatita – roca ígnea de textura basta compuesta por múltiples tipos de cristales de tamaño superior a 1 cm. La mayor parte de las pegmatitas se componen de cuarzo, feldespato y mica, y en ocasiones de turmalina.

Piezoelectricidad – la capacidad y el proceso de ciertos cristales para convertir energía mecánica en energía eléctrica, o viceversa.

Polícromo – multicolor.

Prana – palabra sánscrita para aliento, «fuerza vital» o principio vital; la fuerza universal dadora de vida que impregna todos los seres y objetos.

Registros akáshicos – un compendio cósmico de todos los sucesos universales, pensamientos, palabras, emociones e intenciones ocurridos en el pasado, presente o futuro en términos de todas las entidades y formas de vida.

Sagrado masculino/divino masculino – la fuerza arquetípica y símbolo que habita en toda cosa viviente, caracterizada por la acción, fuerza, pasión, poder, responsabilidad, liderazgo; equilibra lo divino femenino.

Secuencia de Fibonacci – secuencia matemática en que cada número es la suma de los dos precedentes; esta fórmula matemática se conoce como la espiral sagrada o áurea y es uno de los patrones primarios de la naturaleza.

Sistema de chakras – la disposición de los siete chakras en el interior del cuerpo humano; el antiguo sistema energético indio, según el cual la energía de la fuerza vital circula por «ruedas» que giran en el interior del cuerpo.

Tectita – cualquiera de varios tipos de cuerpos vítreos pequeños, de diversas formas, producidos por el impacto de meteoritos sobre la superficie terrestre. *Véase* impactita.

Tornasolado – que tiene un brillo o banda de luz reflejada producida por las inclusiones de la piedra.

Viaje de ascensión – el camino emprendido por personas que avanzan de forma consciente hacia un estado más elevado de iluminación.

Yo superior – estado de conciencia al que se puede acceder a través de la meditación e introspección; la parte eterna y omnipotente del alma; la guía interior separada de la personalidad.

Zeolita – cualquiera de los diversos silicatos hídricos que se producen como minerales secundarios en cavidades de lava, y pueden actuar como intercambiadores de iones; cualquier silicato hídrico cultivado en laboratorio idéntico a las zeolitas naturales.

ÍNDICE ALFABÉTICO

AGRADECIMIENTOS

Cuando se habla de escribir un libro, a menudo se compara con dar a luz a un hijo. Se precisa mucho corazón, alma, paciencia y tiempo para gestarlo, y un gran esfuerzo para que la nueva creación salga a la luz. Cuando una madre da a luz necesita ayuda: los seres queridos que la cuiden y la animen, parteras, ancianos o médicos que faciliten el proceso o intervengan si es necesario. La misma ayuda y ánimos son cruciales para el autor, sobre todo cuando publica su primer libro.

Es por ello que quisiera aprovechar este espacio para agradecer a quienes han contribuido directamente a la creación de este libro, *Su colección de cristales*, sin los cuales nunca lo hubiera completado.

En primer lugar, al equipo completo de Quarto, en especial a Kate Kirby, que solicitó mi colaboración justo antes de jubilarse; Charlene Fernandes, mi siempre paciente editora, que siguió animándome y amablemente flexibilizó los plazos de entrega cuando mi mundo se vino abajo; y Martina Calvio, que convirtió este libro en una obra de arte. En segundo lugar, estoy muy agradecida a mi editorial, David & Charles, por creer en mí y en esta obra, y por querer darlo a conocer.

En un plano más personal, quiero expresar mi agradecimiento a mis padres, que siempre me animaron a ser curiosa, a hacer preguntas y a buscar siempre mis propias respuestas. Le estoy especialmente agradecida a mi madre, Jacqueline, que siempre estaba al otro lado del hilo telefónico cuando necesitaba llorar porque, para ser sincera, lloré un montón.

Siempre estaré en deuda con todo el equipo de Sage Crystals, especialmente Miranda, por mantener nuestra compañía de cristales en marcha durante el medio año que invertí en crear este volumen, al tiempo que pasaba por un proceso de divorcio.

Asimismo, debo dar las gracias a mi círculo de increíbles amistades que mantuvieron mi espíritu a flote a la vez que me hacían rendir cuentas; esto es especialmente cierto en el caso de Tara y Melissa, que tuvieron que soportar una inmensa cantidad de textos mientras les contaba todas y cada una de las páginas que iba terminando; Harumi, Mariana y Danielle, que me permitieron desahogarme y me mantuvieron cuerda, así como Coda, mi compañera de escritura que casi sin ayuda me condujo a través de los capítulos finales.

Me gustaría dar las gracias también a: mis mentoras, Marla Mervis-Hartmann, Wendy Luttrell y Holly Herby, que me ayudaron a vivir de forma más adecuada; mi núcleo de tías y madrinas; y a mi corazón: Missy, mi amada cachorrita sin la cual me hubiera sentido perdida.

Por último, mi gratitud a la fabulosa Sage Community: gracias a todos y cada uno de vosotros. Este libro no hubiera podido existir sin vosotros.

CRÉDITOS